Stefanie Stoltenberg

Glücksorte in der Oberpfalz

Fahr hin und werd glücklich

Droste Verlag

Dieses Buch gehört

Liebe Glücksuchende,

jedes Mal, wenn ich aus der Ferne zurückkomme, geht mir das Herz auf, wenn ich die Nabburger Kirchturmspitze sehe. Sie grüßt schon von Weitem. Hier bin ich zu Hause, egal, wo ich gerade wohne. Die malerische und oft so raue, herbschöne Oberpfalz ist wie ein Magnet für mich. Sie zieht mich immer wieder an, lässt mich nie ganz los. Verträumte Dörfer, sonnige Hänge, schroffe Felsen, idyllische Bächlein, wildromantische Wälder mit reiner, würziger Luft, nahezu grenzenlose Waldgebirge, ursprüngliche Landschaften mit glitzernden Flussläufen, geschichtsträchtige Orte, stolze Burgen und trutzige Ruinen, die von einer bewegten Vergangenheit erzählen.
Meine Oberpfalz ist ein zauberhafter Landstrich, ein Juwel mit der Faszination einer uralten Region – wie geschaffen, um die Freude am Leben neu zu entdecken und zur Ruhe zu kommen. Der Rhythmus ist oft langsamer und das Leben herrlich ursprünglich und entschleunigt, ohne die Hektik der ganz großen Städte – eine Wohltat für die Seele. Hier komme ich jedes Mal wieder ganz bei mir an. Ruhe, die süchtig macht. Lieblingsorte, die gelassen, zufrieden und glücklich machen. Es gibt Momente, die man nicht in Worte fassen kann …, aber man kann sie fühlen und unvergessliche Erinnerungen schaffen.

Ihre Stefanie Stoltenberg

Deine Glücksorte ...

... noch mehr Glück für dich

Zeitreise ins Mittelalter

1 *Die historische Nabburger Altstadt*

Wer durch die Nabburger Altstadt schlendert, reist auch ganz ohne Zeitmaschine in längst vergangene Zeiten. Die schmucke kleine, über 1000-jährige Stadt zu beiden Seiten der Naab nimmt ihre Besucher mit ins Mittelalter. Alle zwei Jahre sogar ganz nah erlebbar beim Mittelalterlichen Markt „Z'nappurch Marckt & Gaudium". Gaukler, Händler, Musikanten und Schauspieler bevölkern dann die Altstadt am Berg zwischen den alten Stadtmauern und sorgen für mittelalterliches Leben. So wird deutlich, wie wichtig das Städtchen Nabburg im Mittelalter war – lag es doch an wichtigen Handelsrouten in Richtung Regensburg, Amberg, Nürnberg, Pilsen und Prag.

Malerisch thront die gotische Stadtpfarrkirche St. Johannes Baptist auf dem Stadtberg, umrahmt von vielen historischen Gebäuden, und beherrscht die wunderschöne Silhouette der Stadt. Die liebevoll restaurierten Bauwerke schmiegen sich in der Altstadt aneinander. Begrenzt wird dieser alte, ursprüngliche Stadtkern von einer fast vollständig intakten Stadtmauer mit dem achteckigen Obertor im Nordwesten und im Südwesten vom markanten Mähntor, um das sich zahlreiche Geschichten und Legenden ranken. Der blutrote Stein in der Stadtmauer beim Obertor soll einer Sage nach der Schuh des Teufels selbst sein. Ein kurzer Ausflug lohnt sich in das versteckte Rosengässchen nahe der Kirche. Dieser auf den ersten Blick unscheinbare Weg entpuppt sich in den Sommermonaten als duftende Oase. Die kleine Gasse macht ihrem Namen alle Ehre, sie ist über und über mit Rosenbüschen bewachsen. Der Blick von der alten Stadtmauer auf die Friedhofskirche St. Georg verheißt Glück, Liebe und Kindersegen, denn oben auf der Turmspitze wohnen seit alters her die beliebten Störche, die jeden Frühling sehnsüchtig erwartet werden. Immer wieder ein majestätischer Anblick, wenn sie balzend und mit dem Schnabel klappernd im großen Nest stehen oder anmutig-elegant ihre Runden über der Stadt ziehen.

TIPP

Unten an der Naab einen idyllischen Spaziergang machen mit herrlichem Blick auf die Altstadt oben.

Nabburger Altstadt, www.nabburg.de
ÖPNV: RB, Haltestelle Bahnhof Nabburg

Die Vergangenheit lebt

2 *Freilandmuseum Oberpfalz in Neusath*

Wer hat sich nicht schon mal gewünscht, eine Reise in die Vergangenheit zu machen? Ein Ausflug in die fünf Dörfer des Freilandmuseums Oberpfalz in Neusath bei Nabburg bietet einen unverstellten Blick in die Geschichte. Hier kann man auf rund 33 Hektar Fläche den Alltag der letzten 300 Jahre in der Oberpfalz erleben. Zahlreiche Aktionstage im Lauf der Jahreszeiten, wie das Abfischen der Teiche, die Kartoffelernte oder Bauernbrot backen, zeigen die traditionelle Landwirtschaft und das ländliche Leben. Eingebettet in Streuobstflächen, Wiesen, Felder und Nutzgärten wurden mehr als 50 historische Gebäude, wie zum Beispiel die Rauberweihermühle, auf dem Museumsgelände wieder aufgebaut, nachdem sie in der Umgebung vorsichtig abgebaut wurden. Staunend steht man vor diesen beeindruckenden Bauwerken. Natürlich ist neben den Ställen, Häusern und Stadeln auch ein echtes Klohäuschen dabei. Dass eine Schar Gänse geräuschvoll vorbeiwatschelt, passt perfekt. Alte Haustierrassen trifft der Besucher bei seinem Rundgang immer wieder. Die Süddeutschen Kaltblutpferde Leo und Fonsi zeigen gerne, wie das Holzrücken früher mit nur einer Pferdestärke funktionierte. Der durchdringende Schrei, der Besucher schon mal vor Schreck zusammenzucken lässt, stammt vom wunderschönen, farbenprächtigen Pfau auf dem Hühnerhof.

TIPP

Das Museum ist staatlich anerkannte Umweltstation und hat mit dem Edelmannshof eine Zweigstelle.

Was haben eine alte Dreschmaschine, ein Rad, Strümpfe, Schuhe, Kochlöffel und ein Leichenwagen gemeinsam? Zusammen mit rund 40.000 anderen Gegenständen aus Haushalt, Landwirtschaft und Alltag von früher werden sie im Zentraldepot gesammelt. Sie veranschaulichen das frühere Leben in der ländlich-bäuerlichen Oberpfalz. Das Museum ist ein Ort, der Dinge aufbewahrt, aber auch die Geschichte der Region bewahrt. Gleichzeitig macht das Museum diese Vergangenheit auch lebendig und erlebbar. Es zeigt nicht nur Gegenstände, sondern erzählt die Geschichte der Bewohner der Häuser, der Oberpfalz. Hier lebt die Vergangenheit und zieht jeden Besucher in ihren Bann.

- **Freilandmuseum Oberpfalz, Neusath 200, 92507 Nabburg, Tel. (0 94 33) 2 44 20**
  www.freilandmuseum-oberpfalz.de
- **Anfahrt mit dem Auto, Parkplatz am Museum**

Die Allerschönste

3 *Burgruine Leuchtenberg mit Festspielen*

Die Burgruine Leuchtenberg ist die allerschönste in der Oberpfalz, sagt man. Sie ist auch die größte und zugleich die am besten erhaltene Ruine, einer der bekanntesten Aussichtspunkte und auch noch Veranstaltungsort für die Sommerfestspiele des Landestheaters Oberpfalz. Schon seit 1982 finden diese Festspiele auf der Freilichtbühne der einst stolzen Burg und an weiteren Spielstätten statt. Mit rund 30.000 Zuschauern gehören sie zu den größten Theaterfestspielen Bayerns. Noch ein Superlativ gefällig? Das Landestheater Oberpfalz – kurz LTO – ist Deutschlands jüngstes Landestheater, erst 2010 gegründet, und auch noch das einzige professionelle Theater in der nördlichen Oberpfalz. Jährlich zeigt das LTO rund zehn neue Inszenierungen aus den Bereichen Schauspiel, Musiktheater oder Kinder- und Jugendtheater. Als zum Beispiel die „Kleine Hexe" ihren Auftritt in Leuchtenberg hatte, strahlten nicht nur Kindergesichter. Jeder, der einmal hier vor dieser hinreißenden Kulisse mit unglaublichem Flair eine Aufführung genossen hat, wird immer wieder kommen wollen. Diese charmante Atmosphäre in gelungener Kombination mit der Leidenschaft der Schauspieler macht einfach süchtig.

TIPP Eine Führung buchen und mehr über die Geschichte der sagenumwobenen Burg vor Ort erfahren.

Und wenn gerade kein Theater gespielt wird? Dann ist die Burg immer noch ein wunderbarer Ort und ein attraktives Ausflugsziel. Sie ist nicht nur eine der schönsten Anlagen der Oberpfalz, sondern bietet – gelegen auf ihrem 537 Meter hohen Berg – auch eine unverwechselbare Fernsicht mit traumhaftem Panorama. Märchenhaft sind auch die vielen Geschichten, Erzählungen und Sagen, die es über die Burg gibt. Kein Wunder, dass es so viel zu erzählen gibt, ist die Burg doch schon uralt – 1124, also im Hochmittelalter, wurde sie erstmals urkundlich erwähnt. Zu sehen sind heute noch die starken Mauern rundum, die Burgkapelle und der Bankettsaal. Seit einigen Jahren beherbergt die Burg auf einem Teilstück des ehemaligen Wehrgangs einen Kräutergarten – ein Kleinod nicht nur für Insekten.

Burgruine Leuchtenberg, Burgweg, 92705 Leuchtenberg
www.leuchtenberg.de, www.landestheater-oberpfalz.de

Anfahrt mit dem Auto, Parkmöglichkeiten unterhalb der Burg auf dem Marktplatz

KANSAS

Aussichtsreicher Aufstieg

4 *Burgruine im malerischen Kallmünz*

An einer alten Handelsroute, dort wo sich die Flüsse Naab und Vils vereinen, liegt das malerische Kallmünz, die „Perle des Naabtals". Oben auf den massiven Kalkfelsen über dem Ort thront die imposante Burgruine und lädt zu einem Spaziergang hinauf ein. Trittsicher sollte man sein und feste Schuhe anziehen, bevor man sich auf den steilen, oft etwas feuchtrutschigen Weg macht. Schon der Aufstieg ist ein Abenteuer und macht Spaß! Hat man den Pfad, der ein bisschen versteckt hinter der Kirche unten im Ort liegt, entdeckt, kann es auch schon losgehen. Über Wurzeln, blanke Felsen und auch mal rutschige Blätter geht es hoch und immer höher den Schlossberg hinauf. Schon unterwegs kann man tolle Ausblicke erhaschen und für eine kurze Verschnaufpause nutzen. Oben angekommen, belohnt ein Blick über den Ort, die herrliche Landschaft der Flussauen und in die Weite. Die Ruine selbst ist wahrlich imposant. Die Überreste der einstigen Höhenburg zeigen eindrucksvoll, wie groß die gesamte Burganlage einmal war. Der Turm lädt zur Besteigung ein, von dort oben ist der Panoramablick noch beeindruckender. Wer sich etwas mit Baugeschichte auskennt, sieht an den Mauerresten, dass es mehrere Bauphasen gab. Was jeder erkennt – hier stand einmal eine gewaltige Hauptburg mit Bergfried, Palas und Kapelle. Die Ruine zeugt von einer wechselvollen Geschichte; auch für die Bewohner des Ortes.

TIPP Ein guter Start- und Endpunkt ist der Marktplatz mitten in Kallmünz mit gemütlichen Lokalitäten.

Apropos Bewohner: Die berühmten Maler Wassily Kandinsky und Gabriele Münter verbrachten im Jahr 1903 ihre Sommerfrische in Kallmünz, wurden zu einem Paar und verlobten sich. Seit Beginn des 20. Jahrhunderts ist Kallmünz Anziehungspunkt für Künstler. Kein Wunder, so schön wie der kleine historische Ort sich zeigt, der inmitten herrlichster Natur liegt. Auch die mittelalterlich engen, verwinkelten Gassen, die wunderschönen bunten alten Häuser, die Steinerne Brücke über die Naab und das „Haus ohne Dach" sind einen Besuch zu Fuß oder per Rad wert.

Burgruine Kallmünz, 93183 Kallmünz
www.kallmuenz.de
Anfahrt mit dem Auto, Parkplatz an der Straße Am Schmidwöhr

Luftiger Ausblick

5 *Erlebnisholzkugel am Steinberger See*

Der Wind ist frisch, die Luft ist klar und ganz sauber. Der Ausblick ist ein absoluter Traum, in der Sonne glitzert das Wasser des Steinberger Sees in allen Varianten von Blau und Grün. Von hoch oben schweift der Panoramablick nicht nur übers Wasser des Steinberger Sees, sondern auch über die herrliche Natur des Oberpfälzer Seenlandes rundherum. Wer Glück hat, entdeckt sogar einen der wagemutigen Wakeboarder oder einen entspannten Segler auf dem Nass. Auf der Spitze der 40 Meter hohen Holzkugel, die noch ganz neu ist, fühlt man sich frei. Schon der urige Weg nach oben macht Spaß, durch die luftige Bauweise bieten sich unvergleichliche Ansichten in alle Richtungen. Ganz oben lädt eine Bank zum Entspannen und Genießen ein. Die Erlebnisholzkugel in Steinberg am See ist weltweit die größte begehbare und hat 2020 sogar den ADAC Tourismuspreis Bayern gewonnen. Damit am Ausflug auch die ganze Familie teilnehmen kann, ist der Aufstieg barrierefrei gestaltet und hat eine maximale Steigung von 6 Prozent. So sind auch Rollstühle und Kinderwagen gut unterwegs. Die komplette Konstruktion wiegt rund 500 Tonnen, das ist so viel wie 85 ausgewachsene Elefanten auf die Waage bringen! Auf dem 700 Meter langen Weg zum genialen Blick von ganz oben locken mehr als 25 Abenteuerstationen zum Ausprobieren und Mitmachen, zum Beispiel Hängebrücken und Balancierbalken. Wer genug (gesehen) hat, der kann rasant auf der spiralförmigen Riesenrutsche in der Mitte der Kugel ganze zwölf Stockwerke nach unten sausen.

TIPP Direkt den Steinberger See mitbesuchen! Er ist der größte See in Ostbayern.

Gleich nebenan sorgen im inMotion PARK die moderne Kugelwirtschaft mit der sonnigen Seeterrasse, eine Minigolfanlage und ein Abenteuerspielplatz mit großem Sandkasten, Klettergerüst und Boulderwand für gute Laune. Bei schlechtem Wetter geht es in den vielseitigen Indoorspielraum.

Erlebnisholzkugel, In der Oder 7, 92449 Steinberg am See, Tel. (0 94 31) 7 98 65 16
dieholzkugel.de

Anfahrt mit dem Auto, direkt an der Kugel gibt es einen riesigen Parkplatz

Wo freche Ziegen meckern

6 *Wild- und Freizeitpark Höllohe in Teublitz*

Hinten meckert es aufgeregt, vorne quakt und schnattert es, dazwischen hört man helles, fröhliches Kinderlachen. Die Sonne blinzelt zwischen den Bäumen hindurch. Am Automaten mit artgerechtem Futter für die Tiere hat sich eine kleine Schlange gebildet. Die kleinen Kinderhände möchten nicht nur die weichfelligen Tiere streicheln, sondern auch mutig ihre Hände voller Futter ausstrecken. Huch, die Zunge der kleinen Ziege ist aber rau und so nass … Mehr als 30 Ziegen 13 verschiedener Rassen gibt es zu bestaunen. Den zotteligen frechen Ziegenbock, deutsche Edelziegen, schöne Bulgarische Schraubenhörnige Langhaarziegen, eine besonders kuschlige Kaschmirziege, aber auch Mufflons, Schafe, Rot- und Damwild, Wildschweine und Geflügel. Die Enten baden fröhlich im Teich und freuen sich immer über Besuch mit vollen Händen. Sie watscheln ihren Gästen entgegen und begrüßen mit aufgeregtem Geschnatter. Die schöne Schneeeule schaut von oben herab ganz majestätisch und ruhig auf ihre Besucher. Ihr weißes Gefieder sieht herrlich kuschlig aus und leuchtet im Licht der Sonne. Kein Wunder, dass sie den Schnee mag mit diesem dichten Federkleid.

TIPP Eigene Becher und genügend 1-Euro-Münzen für das Futter mitbringen, der Automat wechselt nicht.

Zum Toben gibt es den großen Spielplatz, die Eltern dürfen sich auf den Bänken ausruhen. Dann geht es weiter zum Haus der Hasen und Meerschweinchen, die nicht nur die kleinen Besucher so entzückend finden. Das ganze Gelände ist barrierefrei, sodass auch Rollstuhl, Rollator und der Kinderwagen auf den tierischen Ausflug mitkönnen. Im Sommerhalbjahr sorgt der kleine Kiosk für eine leckere Pause und das „Bauerngartl“ bietet ein buntes Farbenmeer zum Eintauchen. Blumen und Gemüse wachsen in dieser idyllischen Oase in froher Eintracht neben- und miteinander. Der Kräutergarten verzaubert mit seinen Düften und hilft bei so manchen Beschwerden. Eine gelungene Ergänzung zu all dieser Pracht ist der Pfad der Poesie auf der anderen Seite des Sees, der mit nachdenklichen und heiteren Schrifttafeln einlädt, die Gedanken schweifen zu lassen.

- **Wild- und Freizeitpark Höllohe, Höllohe 1, 93158 Teublitz**
  wildpark-hoellohe.de
- **Anfahrt mit dem Auto, Parkplätze rund um den Wildpark**

Viel Schönes zu entdecken

7 *Ambergs historische Altstadt*

Ambergs historische Altstadt ist reizvoll und beeindruckend: Sie ist eine der am besten erhaltenen mittelalterlichen Stadtanlagen in ganz Europa mit einer fast noch lückenlos vorhandenen Stadtmauer mit vier Toren. Der Stadtgraben führt einmal rund um die Altstadt, auch „Amberger Ei" genannt. Früher war er mit Wasser geflutet und schützte die Stadt, heute ist er ein wunderschöner Park. Schon nach wenigen Metern sind Besucher der Altstadt völlig im Bann der gepflegten historischen Häuser und Plätze. Hier gibt es viel zu entdecken und zu bestaunen. Überall sind Plaketten angebracht mit Infos über die Namen der Gebäude, wer hier wohnte und arbeitete. Das Stadttheater, als Klosterkirche gebaut, gilt als eines der schönsten Kleintheater Deutschlands. Bekannt ist die Stadt auch für ihr süffiges Bier. Bei einer Hausbrauerei und fünf mittelständischen Brauereien bleibt niemand durstig. Lauschige Biergärten laden im Sommer zur Pause unter schattigen Bäumen ein, zünftige Wirtshäuser garantieren eine wohltuende Einkehr.

Mitten durch Amberg fließt die Vils. Ein besonderes Erlebnis ist es, die Stadt vom Fluss aus zu erkunden. Die sogenannten Plätten waren einst zum Transport von Eisen, Erz und Salz unterwegs – heute kann man mit diesen Transportkähnen schöne Ausflüge unternehmen. Los geht es in der Schiffgasse direkt hinter der altehrwürdigen Basilika St. Martin. Dann gleitet die Plätte aus dem Zentrum durch die „Stadtbrille" in Richtung des ehemaligen Landesgartenschaugeländes. Schaut man jetzt zurück, erkennt man, dass die Spiegelung der Doppeltore im Wasser dem Wahrzeichen Ambergs den Namen „Stadtbrille" gegeben hat. Das einladende und weitläufige Gelände, auf dem 1996 die Landesgartenschau unter dem Motto „Leben am Fluss" stattfand, ist heute ein beliebtes Naherholungsgebiet mit Skulpturenweg. Die Kleinen toben auf dem aufregenden Piratenspielplatz, während Eltern und Großeltern nebenan gemütlich auf der Sonnenterrasse des Kiosks sitzen.

TIPP

Das weltweit einzige und einzigartige Luftmuseum ist immer einen Abstecher wert.

Amberger Altstadt

Anfahrt mit dem Auto, Parkplatz hinter dem Kongresszentrum

Der Blick zu den Sternen

8 *Sternwarte Dieterskirchen*

Sterne faszinieren die Menschen schon immer. Es funkelt am nächtlichen Himmel und wenn man genauer schaut, strahlen manche Sterne heller oder blassblau, gelblich oder rötlich. Es gibt unglaublich schöne, berührende Geschichten und Sagen über die Sternbilder, die dort oben erzählen, was vor Urzeiten passiert sein soll. Seefahrern und so manch anderem Reisenden helfen die Sterne beim Navigieren, um am Ende wieder sicher in der Heimat zu landen. Und gleichzeitig weiß jeder Betrachter, dass das, was man heute sieht, längst vergangen ist – brauchen die Sterne doch Lichtjahre, um ihr Strahlen zur Erde zu schicken. Der Blick zu den Sternen ist also immer ein Blick in den Himmel der Vergangenheit.
Alle, die die Schönheit des Universums genauer erforschen möchten, sind bei den Sternenfreunden Dieterskirchen genau richtig. In der Sternwarte kann man nachts durch modernste Teleskope zum Mond, zu Planeten oder weit entfernten Galaxien hinaufschauen. Dabei helfen die Sternenfreunde mit Rat und Tat und erklären, was man wo genau sieht. Dieterskirchen bietet einen herrlich dunklen ländlichen Nachthimmel, sogar schon mit bloßem Auge ist viel zu sehen. Damit ist die Sternwarte ein idealer Beobachtungsposten – magische Nächte sind garantiert! Bei Tageslicht am Nachmittag oder an frühen Sommerabenden sind ebenfalls reizvolle astronomische Einblicke möglich. Das moderne Sonnenteleskop zeigt die Strukturen und Ausbrüche auf der Oberfläche der Sonne, dem ältesten und größten Stern unseres Sonnensystems. Wenn das Wetter nicht mitspielt, ist es auch nicht schlimm, denn dann zeigt das Planetarium fantastische Einblicke in die unendlichen Weiten des Weltalls und die Schönheit des Universums. Die Sternwarte ist ein faszinierender Anziehungspunkt und hat seit 2014 schon mehr als 18.000 Besucher angelockt, darunter über 90 Schulklassen. Sterne oder Planeten mit dem eigenen Auge – hundertfach vergrößert durch ein Teleskop – zu sehen, ist ein einzigartiges Gefühl und durch kein Foto zu ersetzen.

Sternenfreunde Dieterskirchen, Neunburger Straße 24, 92542 Dieterskirchen, Tel. (0 96 71) 9 18 70 67, sternwarte-dieterskirchen.de

Anfahrt mit dem Auto, parken direkt an der Sternwarte

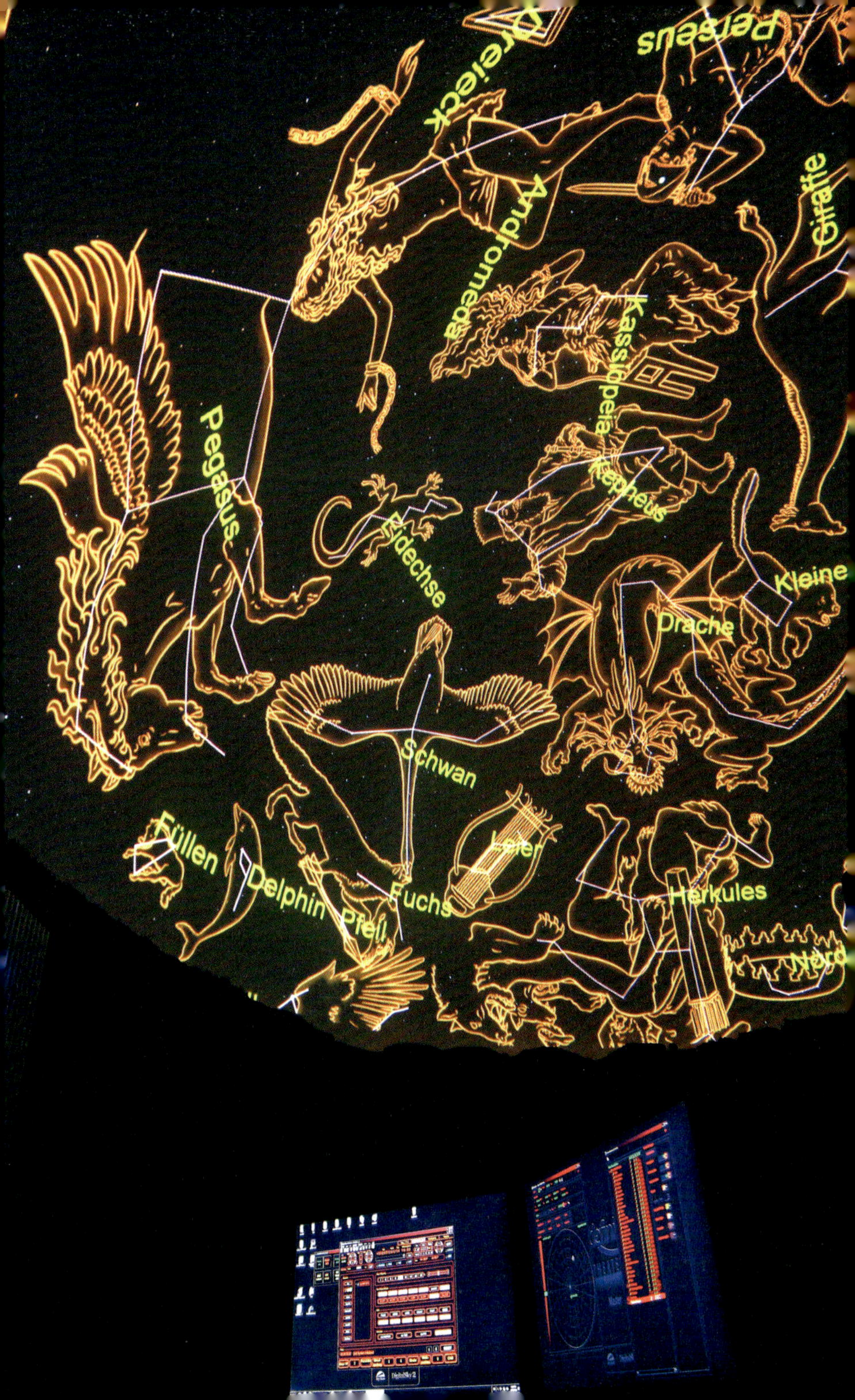
Dreieck
Perseus
Andromeda
Giraffe
Kassiopeia
Pegasus
Kepheus
Eidechse
Kleine
Drache
Schwan
Füllen
Delphin
Pfeil
Fuchs
Leier
Herkules

Ein alter Opferplatz?

9 *Mystischer Druidenstein bei Kröblitz*

Endlich ist die Sonne herausgekommen und lächelt freundlich zwischen den tiefgrauen Wolken hindurch. Die Blätter des Mischwaldes erstrahlen im Licht. Friedlich ist es am Naturdenkmal Druidenstein bei Kröblitz. Das zerklüftete Felsmassiv liegt ganz ruhig da, die Stimmung ist fast feierlich. Der kleine Hügel steht voller großer alter Bäume und wird von mächtigen Granitblöcken gekrönt. Der oberste Stein in diesem lichten Hain hat ein kreisrundes Loch, es sieht künstlich hergestellt aus. Experten meinen, das wäre in keltischer Zeit passiert – ein Grund, warum diese Felsformation Druidenstein genannt wird. Still liegen die Steine da, bemoost und voller Klüfte und Spalten. Es ist, als könnten sie viele Geschichten erzählen, wenn man nur lange genug lauscht. Man kann sich gut vorstellen, dass hier mal ein heiliger Ort war. Schon seit Jahrhunderten vermutet man, dass der Druidenstein eine Opferstätte der Kelten war. Dafür sprechen auch die geheimnisvollen Zeichen an der Seite und das Loch. Ein Block zeigt eine Mulde mit einer Rinne. Dass Kelten mystische Orte hatten, um zu opfern, ist wohlbekannt. Ob hier einer dieser besonderen Plätze war? Die Stimmung und die Szenerie würden passen. Viele sagen auch, der Ort sei besonders kraftvoll und mystisch, ja sogar geheimnisvoll. Es gab viele Untersuchungen, zuletzt 2006 von Rutengängern und Messtechnikern. Sie fanden heraus, der Druidenstein sei so etwas wie ein Energiezentrum verschiedener Erdstrahlen. Beweisen lässt sich wenig, daher ranken sich zahlreiche Spekulationen, Sagen und Vermutungen um diesen Ort, der aufgrund seiner Schönheit auf jeden Fall einen Besuch wert ist. Auch der beliebte Goldsteig führt am Naturdenkmal vorbei, eine Rast hier tut gut. Hobby-Geologen können sich ebenfalls austoben und die besondere Form der in der Oberpfalz so typischen Wollsackverwitterung bestaunen. Durch die Erosion sehen die Steine aus wie ein Sack oder Polster.

TIPP Vom Stadthallenplatz Neunburg führt auf der früheren Bahntrasse ein Wanderweg nach Kröblitz.

Druidenstein bei Kröblitz, Am Druidenstein, 92431 Neunburg vorm Wald
Anfahrt mit dem Auto, Parkmöglichkeiten am kleinen Wäldchen

Skifahren auf dem Sandberg

10 *Freizeitpark Monte Kaolino in Hirschau*

Sand, Sand, Sand – so weit das Auge reicht. Im Sonnenlicht glitzert der wunderbar weiße Quarzsand wie ein Berg voller kleiner Juwelen. Einst nur eine Abraumhalde, ist der 150 Meter hohe Sandberg, liebevoll Monte Kaolino genannt, heute ein kleines Paradies für Abenteurer und Familien. Rund 35 Millionen Tonnen Quarzsand wurden hier als Abfallprodukt aus der Kaolingewinnung aufgeschüttet. Kaolin wird vor allem bei der Herstellung von Papier und Porzellan gebraucht. Hier in der Hirschauer-Schnaittenbacher Senke ist eine der bedeutendsten Kaolinlagerstätten Europas – beeindruckend und wunderschön anzusehen. Nur beim Schauen bleibt es meistens nicht, wenn man erst mal da ist! Der Monte Coaster ist die erste Achterbahn der Welt, die auf Sand gebaut ist. Und was für eine Achterbahn das ist! In nur 2 Minuten bringt sie die Besucher auf den Gipfel des überdimensionalen Sandhaufens und dann geht's auch schon rasant abwärts. Mit bis zu 40 km/h auf rund 1000 Metern Strecke. Unterwegs lauern ein spektakulärer 360-Grad-Panoramakreisel, mehrere Jumps und Wellen und sechs 180-Grad-Kurven. Gute Fahrt! Auch Skifahrer und Sandboarder stürzen sich begeistert den Abhang auf der mehr als 220 Meter langen Sommerskiabfahrt hinunter. Sogar die Europameisterschaften im Sandski finden am Monte Kaolino statt. Wer seine eigenen Grenzen austesten möchte, erklimmt den weißen Berg zu Fuß. Es ist anstrengend, die Beine werden schwer und man kommt nicht so schnell voran wie gedacht. Trotzdem macht es richtig Spaß! Wem zu heiß geworden ist, der erfrischt sich direkt nebenan in den kühlenden Fluten des Dünenbads mit bestem Blick auf den besonderen Berg. Im Wald-Hochseilgarten treffen sich Abenteuer und Natur, er bietet sechs Parcours unterschiedlicher Schwierigkeitsgrade! Ruhiger ist eine Erkundung der Umgebung auf dem Segway oder eine Runde auf dem Inliner- und Skirollerparcours. Der Adventure-Golfplatz wartet mit 18 Bahnen auf Besucher.

TIPP Beim weiß-goldenen Monte-Hirsch-Schau-Brunnen auf dem Marktplatz vorbeischauen.

Freizeitpark Monte Kaolino, Wolfgang-Droßbach-Straße 114, 92242 Hirschau, Tel. (0 96 22) 8 15 02
www.montekaolino.eu

Anfahrt mit dem Auto, Parkplatz direkt vor dem Freizeitpark

Zu Gast im Dorf

11 *Denkmalgeschützte Hollerhöfe in Waldeck*

Wunderschöne weiße Blütendolden aus vielen filigranen kleinen Blüten, zarter Duft, ganz leicht nach Vanille und ein bisschen zitronig, im Herbst mit dunklen saftigen Beeren und den alten Geschichten nach heilig: der Holler, auch Holunder genannt. Der Tee aus frischen oder getrockneten Blüten hilft bei Fieber und Erkältungen. Saft, Sirup, Gelee oder Holundersekt schmecken erfrischend lecker. Auf den Hollerhöfen in Waldeck dreht sich alles um diese auffallenden Sträucher, die hier für kulinarische Freuden sorgen. Von 800 Hollerbüschen werden jährlich Blüten und Beeren geerntet und zu Leckereien verarbeitet. Elisabeth Zintl, früher Bankerin, führt den Familienbetrieb und das ungewöhnliche Hotel. Das denkmalgeschützte Ensemble mit Oberpfälzer Charme, umgeben von herrlicher Natur, und eine biozertifizierte Landwirtschaft gehören zu den Hollerhöfen. Hier ist man im wahrsten Sinne des Wortes zu Gast im Dorf. Wohnen kann man ganz urig in Apartments im Kößlerhaus, Schreiberhaus, Schusterhaus, in der Kanzlei oder im modernen Landhaus, das auch die Rezeption beherbergt. Die alten denkmalgeschützten Häuser wurden seit 2012 nach und nach liebevoll renoviert. Dabei blieb ihre Individualität erhalten. Alte Holzbalken und Steine wurden herausgearbeitet und die Räumlichkeiten dann stilvoll-modern eingerichtet. Nach wie vor erzählt jedes der Häuser seine eigene Geschichte und damit auch die des Ortes Waldeck. Das Dorf lag an der Goldenen Straße, der Handelsstraße von Nürnberg nach Prag über Eger. Schon seit sieben Generationen umsorgt die Familie von Elisabeth Zintl Gäste. Die Hollerhöfe heute sind jedoch mehr als nur ein Gasthof. Neben den alten Häusern und dem Landhaus gehören auch drei sanierte Scheunen dazu. In der Küchenscheune finden unter anderem Kochvorführungen und Seminare statt, die Dorfscheune lädt zu Feiern ein, in der dritten ist die Holler-Manufaktur. Gemütlichkeit, Komfort, Tradition, Altes und Modernes, ländliche Dorfidylle und traumhafte Natur ergänzen sich perfekt.

TIPP Den ersten Essbaren Wildpflanzenpark Deutschlands besuchen, den Familie Zintl bewirtschaftet.

Hollerhöfe – Zu Gast im Dorf, Unterer Markt 35 a, 95478 Waldeck bei Kemnath, Tel. (0 96 42) 70 43 10, www.hollerhoefe.de

Anfahrt mit dem Auto

So süß und kunterbunt

12 *Trolli Shop in Neunburg vorm Wald*

Gummibärchen, süße Hamburger, Schaummäuse, Lakritze, Fruchtgummi, Schokolade und noch viel mehr Süßes, so weit das Auge reicht: rosafarbene Pilze, saure Glühwürmchen in Regenbogenfarben, grüne Apfelringe, schwarze Lakritzröllchen, rot leuchtende Beeren mit kleinen Zuckerkugeln und Gelee im Inneren, Pinguine aus Fruchtgummi und Lakritz – wie echt im kleinen Frack – und wunderschön anzusehen. Das Motto von Trolli, „Das Leben ist viel zu wichtig, um es ernst zu nehmen", wird hier zur Realität! Süße Glücksgefühle pur.
Der Trolli Shop in Neunburg vorm Wald ist ein Paradies für Schleckermäuler, die es süß und bunt lieben, sauer oder herb. Die Auswahl an Gummitieren, Lakritz und süßen Früchtchen ist riesig, die Angebote sind attraktiv. Die Leckereien gibt es vegetarisch, vegan, glutenfrei, laktosefrei, halal, mit Vitaminen oder Fruchtsaft. Da ist für jeden Geschmack etwas dabei. Zudem ist sorgenfreies Naschen garantiert, denn bei Trolli wird Wert auf höchste Qualität der Produkte gelegt. Externe Laborkontrollen und Audits im Bereich des Qualitätsmanagements gehören bei diesem Hersteller zum Alltag. Trolli ist schon seit 1975 Spezialist für total verrückte und originelle Fruchtgummi- und Schaumzuckerkreationen. Und das schmeckt man! Wer hier also nicht mit beiden Armen voller Tüten und Packungen glücklich zur Kasse der verrückten bunten Welt von Trolli geht, hat etwas falsch gemacht. Denn nicht nur alle Freunde von Gummibärchen und Co sind begeistert, sondern auch Schokofans und Kekskrümler werden hier glücklich. XXL-Packungen und trendige Saisonartikel im 1000-Gramm-Beutel verführen schneller als die Hände greifen können. Da lohnt es sich, den großen Einkaufskorb zu nehmen! Strahlende Augen und lächelnde Gesichter sind gewiss, denn Trolli macht gute Laune.

TIPP Quasi direkt nebenan ist der Fabrikverkauf der Lorenz Snack World.

Trolli Shop Neunburg vorm Wald, Industriestraße 3, 92431 Neunburg vorm Wald, Tel. (0 96 72) 92 18 30, www.trolli.de
Anfahrt mit dem Auto

Trolli
WURRLI

Zoigl ist Kult

13 *In Gesellschaft schmeckt es am besten*

Frisch schäumt es im Glas, der Geruch von Hopfen und einer zünftigen Brotzeit liegt in der Luft. Gelächter dringt aus dem Raum, der hinter der Tür mit dem Zoiglstern liegt. Man sagt, der Zoigl schmeckt fruchtig und am besten in Gesellschaft. Gebraut wird das ungefilterte, untergärige Traditionsbier im Original nur in der nördlichen Oberpfalz. Natürlich nach überlieferten Rezepten und in althergebrachter Weise wird die Maische in der offenen Sudpfanne über einem Holzfeuer gekocht. Der Zoigl ist Kult. Heimliche Hauptstadt ist Windischeschenbach – von den Einheimischen liebevoll Tschitscherlboch genannt. Gebraut wird aber auch in den Kommunbrauhäusern Eslarn, Falkenberg, Mitterteich und Neuhaus, das die älteste Tradition mit einem Zoiglbraurecht seit 1415 hat. Inzwischen ist die Oberpfälzer Zoiglkultur bundesweites Immaterielles Weltkulturerbe. Das Expertenkomitee der Deutschen UNESCO-Kommission würdigte die Oberpfälzer Zoiglkultur als jahrhundertealte Tradition, die in hohem Maße identitätsstiftend für die lokale Bevölkerung wirkt. Dieser Brauch schafft nämlich vor allem Räume der Begegnung, des Austauschs und der Integration.

Jeder Zoigl schmeckt anders und das macht es so interessant, denn jeder Brauer hat sein eigenes, wohlgehütetes Geheimrezept und individuelle Vorgehensweisen. Das Braurecht ist immer fest mit dem Haus und dem Grundstück verbunden. Um heute brauen und ausschenken zu dürfen, muss das Braurecht im Grundbuch eingetragen sein. Früher wurde das Wohnzimmer ausgeräumt und zur Wirtsstube auf Zeit. Heute haben die meisten Zoigl-Brauer eine extra Gaststube, die urig und gemütlich eingerichtet ist. Und wann gibt es das frische Bier? Ganz einfach! Immer dann, wenn der sechszackige Zoiglstern es draußen am Haus „zoigt“, also anzeigt. Und das ist immer etwa zwei Wochen, nachdem im Kommunbrauhaus gebraut wurde. Bis dahin darf das Bier ruhen und seine geschmackliche Vielfalt entwickeln. Und dann geht's los oder wie die Oberpfälzer sagen: „Geh'n ma am Zoigl!“

TIPP

Eines der tiefsten Bohrlöcher der Erde befindet sich in direkter Nachbarschaft in Windischeschenbach.

Zoigl-Museum in Eslarn, Biererlebnis Kommunbrauhaus, Brennerstraße 28, 92693 Eslarn
www.eslarn.de/kommunbrauhaus.htm
Anfahrt mit dem Auto

ECHTER ZOIGL
VOM KOMMUNBRAUER
Bayern
Genießer LAND
ENTDECKERREGION OBERPFÄLZER WALD
Partner mit Qualität

Feines Pralinentelegramm

14 *Seidl Confiserie begeistert*

Papa hat Geburtstag, wohnt aber weit weg. Warum ihn nicht mit einem Pralinentelegramm aus der Seidl Confiserie überraschen?! Von den Chocolatiers des Hauses werden die Buchstaben des Wunschtextes in liebevoller Handarbeit mit weißer Schokolade auf 60 feinste Schokopralinen geschrieben. Die Bestellung ist natürlich auch online möglich. Herzliche Glückwünsche und genieße Deinen Ehrentag, Papa!
Der persönliche Besuch in der Seidl Confiserie bietet aber noch viel mehr. Gleich am Eingang wird es tierisch! Der Besucher hat den Sprung nach Afrika geschafft. Ein kleiner, aber lebensgroßer Elefant begrüßt die Gäste des süßen Paradieses. Er wedelt freundlich mit den Ohren und bewegt seinen Rüssel dazu. Begibt man sich weiter auf die Genuss-Safari, trifft man den sprechenden Kakaobaum mit Tukan. Im Dschungel wartet schon eine tierische Band und begleitet musikalisch den leckeren Bummel entlang der Regale mit exotischen Früchten im Schokomantel, Schokofiguren, feinen Teesorten und knackig dragierten Nüssen mit heiterer Musik. Nebenan in der Goldgrube glänzt alles goldfarben. Fridolin, der Goldesel, lässt gern auch mal ein paar Schoko-Goldtaler fallen. Kühl und dunkel ist es unten in der Bärenhöhle. Eisbär Bärli fühlt sich in seiner süß-sauren Welt voller bunter Leckereien wohl. Hier gibt es Fruchtgummi, Lakritz und Marshmallows in allen nur möglichen Farben und Formen. Wer kann da widerstehen? Das Café der Illusionen grenzt direkt an den Verkaufsraum an und bietet zum gelungenen Abschluss des Besuchs leckere hausgemachte Kuchen, Herzhaftes und natürlich die passenden Getränke für jeden Geschmack. Die spannenden Illusionen an den Wänden sorgen für gute Laune. Der Blick in den Illusionsspiegel zeigt: „Seidl Schokolade macht glücklich und schlank!"

Seidl Confiserie, Reiserweg 2, 93164 Laaber, Tel. (0 94 98) 90 68-0
www.seidl-confiserie.de
ÖPNV: Bus 29, 539, Haltestelle Hinterzhof

Unser Goldesel Fridolin
spuckt Goldtaler:
Bitte 1 € einwerfen

Wild und wunderbar

15 *Essbarer Wildpflanzenpark in Kemnath-Waldeck*

Die Nase voll von industriell gefertigtem Essen, genmanipuliertem Obst und Gemüse? Wer sich ganz natürlich, wertvoll und ursprünglich ernähren will, ist im Ewilpa in Waldeck goldrichtig. Ewilpa? Essbarer Wildpflanzenpark! Jeder Besucher ist dazu eingeladen, der Pflanzenvielfalt mit allen Sinnen nachzuspüren – sowohl in der Feldflur als auch auf dem historischen Schlossberg des urigen Dorfes bei Kemnath. Der Park ist noch recht jung, wurden doch erst im Sommer und Herbst 2017 die rund 1000 Sträucher und Bäume verschiedenster Arten angepflanzt. So entstand der erste und größte Rundweg in einem essbaren Wildpflanzenpark in ganz Deutschland, im Juni 2018 eröffnet. Im Jahreskreislauf zeigt der Ewilpa die ganze Fülle des Lebens und der Natur. Durch die vielen verschiedenen Pflanzen ist ein ganz neues Biotop entstanden, das unterschiedlichen Tieren ein Zuhause bietet – eine atemberaubende Artenvielfalt.

Entlang des Erlebniswanderweges beschreiben Schautafeln bei den 13 Teilflächen die Bäume, Sträucher und Wildkräuter. Die Besucher erwartet aber nicht nur Wissen, sondern ein ganz besonderer Spaziergang mit Flair. Das Dorf oben auf dem Hügel ist wunderschön und malerisch, die Natur erholsam und ursprünglich. Befreit atmet man auf und durch. Hier das zauberhafte Wäldchen gleich nach der Ackerbrache, da der geheimnisvolle Bach-Auenwald, wo es viel zu entdecken gibt. Weiter führt der Weg über saftige Wiesen, vorbei an Feldhecken und der Obstbaumallee. Feucht- und Streuobstwiesen bieten Urlaub für Augen und Seele. Steil führt der Weg auf den historischen Schlossberg mit seinem trockenen, felsigen Südhang hinauf. Noch außer Atem kann man den herrlichen Ausblick aufs gesamte Kemnather Land genießen. Wildromantisch wird es an der Burgruine, hier wachsen mittelalterliche Obstbäume wie Mispeln, Quitten, Felsenbirnen und Berberitzen. Und wie schmeckt das alles? Einfach vom Baum oder Strauch pflücken und probieren. Hier ist Naschen selbstverständlich erlaubt, ja sogar erwünscht.

Ewilpa – Essbarer Wildpflanzenpark, Köglitzer Straße/Am Sportplatz 1, 95478 Kemnath-Waldeck
www.ewilpa.net
Anfahrt mit dem Auto, Parkplatz Sportgelände

Herrlich flauschig

16 *Seelenwärme im Katzencafé Katzentempel*

Unergründliche bernsteinfarbene oder grüne Augen, ein glasklarer Blick, seidig weiches Fell und eine kerzengerade Haltung, die jede Ballerina neidisch macht. Elegante Wesen im Pelzmäntelchen, die betören, dazu leckeres Essen – das Katzencafé Katzentempel in Regensburg ist eine Oase der Erholung, ein Platz für Herz und Gemüt. Ein Glücksort für alle Katzenliebhaber. Gleich sechs der schönen Samtpfoten schleichen hier auf leisen Sohlen herum, tollen wild durch die Räume und verzücken die Besucher. Wer ganz viel Glück hat, bekommt einen zärtlichen Nasenstüber oder ein Schnurren. Zur Audienz bitten Amon der Wilde mit der schönen Fellzeichnung, Kitsune die Füchsin, die auch eine Fürstin sein könnte, Phantom der Geheimnisvolle, dunkel gekleidet mit Goldaugen, Hermann der Vorsichtige mit seinem schwarz-weißen Fell, Poppy ein Naseweis in Anthrazit und Yamato der verschmuste Pirat, dessen Name „großer Frieden, große Harmonie" bedeutet. Harmonie und Frieden finden die Besucher des Katzentempels – schon der Dichter und Schriftsteller Charles Bukowski schrieb: „Wenn ich mich schlecht fühle, muss ich nur meinen Katzen zusehen und mein Lebensmut kehrt zurück."

Genuss mit Miau-Effekt nennen die „Templer" ihre Katzentempel, von denen es inzwischen mehrere in Deutschland gibt. Vegetarisch-vegane Menüs ergänzen das tierische Vergnügen in Regensburg. Gesunde Ernährung und kompromisslose Gaumenfreuden gehen Hand in Hand. Das Essen wird mit viel Liebe zubereitet: So wird zum Beispiel das beliebte Dinkelbrot täglich frisch geknetet und gebacken, es riecht einfach verführerisch. Die schon sehr engagierte Speisekarte soll noch nachhaltiger werden, um einen möglichst geringen ökologischen Fußabdruck zu hinterlassen. Gutes Essen kann eben auch gut für die Umwelt sein. Wer nach seinem Besuch im Herzen der Stadt noch Zeit hat, sollte unbedingt durch die mittelalterliche Altstadt Regensburgs streifen und entlang des malerischen Donauufers.

Katzentempel Regensburg, Obermünsterstraße 19, 93047 Regensburg, Tel. (09 41) 59 99 40 22
Katzentempel.de
ÖPNV: Bus A, Haltestelle Am Königshof

Reise in die Unterwelt

17 *Schwandorfer Felsenkeller-Labyrinth*

Eine Reise in die Unterwelt ist in Schwandorf ganz einfach: bei der Touristinfo anrufen und eine Führung durch die Felsenkeller buchen. Und schon kann es losgehen! Ab in die Tiefe! Durch eine geheimnisvolle, von Efeu gesäumte Türe geht es direkt die krummen, abgetretenen Treppen hinunter. Es ist so kalt, dass man den Atem sieht, und es riecht ein bisschen nach altem Gemäuer und Erde. Egal, wie warm oder kalt es draußen ist, hier sind es gleichbleibend immer 8 Grad. Perfekt, um Bier oder Nahrungsmittel zu lagern. Genau dafür wurden die unterirdischen Räume vor ungefähr 500 Jahren auch in die Felsen gehauen – mit einfachen Werkzeugen und Muskelkraft. Die Spuren der Bearbeitung sieht man stellenweise noch heute – das Gestein ist vernarbt, hat Löcher und Kerben.

Das Schwandorfer Felsenkeller-Labyrinth ist das größte in Bayern und besteht aus 60 zusammenhängenden Räumen, angelegt wurden 130 Kellerräume. Dass die ursprünglich zur Gärung und Lagerung von Bier gedachten Keller – Kühlschränke gab es ja noch nicht – heute ein Labyrinth sind, ist drei jungen Burschen zu verdanken, die in den 1930er-Jahren ihr Unwesen als Diebe trieben. Um besser an ihre Beute gelangen zu können, schlugen sie unter anderem Durchbrüche durch die Wände der Lagerräume und plünderten sie. Die Kellerdiebe waren also zugleich Konstrukteure der Schwandorfer Unterwelt. Jeder Raum hier unten hat seine eigene Geschichte. Bei der Führung gibt es viel zu erzählen und zu bestaunen, wie den Elefanten aus Stein oder die „Sixtinische Kapelle"! An manchen Stellen ist der wunderschöne Sandstein grün von Algen, anderswo durchziehen feine, glitzernde Linien die Steinwände geheimnisvoll. Dort versteckt sich Eisenerz im Gestein. Überall gibt es Spannendes und Rätselhaftes zu entdecken. Für manches hat die nette Gästeführerin eine Erklärung, andere Geheimnisse können nicht gelüftet werden. Genau das aber macht auch den speziellen Reiz der Felsenkeller aus – ein Teil der Geschichte bleibt im Dunklen.

TIPP Eine Erlebnisführung mit Schauspieleinlagen buchen oder ein unterirdisches Konzert anhören.

Felsenkeller-Labyrinth, Tourismusbüro, Kirchengasse 1, 92421 Schwandorf, Tel. (0 94 31) 4 55 50
www.schwandorf.de

ÖPNV: Bus 6275, 6299, Haltestelle Marktplatz

Weißwurst mit Diplom

18 *1. Metzgerei- und Weißwurstmuseum*

Die Weißwurst gehört zu Bayern wie der weiß-blaue Himmel. Darüber, wie und wann sie gegessen werden sollte, gibt es viele Geschichten. Der wohl bekannteste Satz lautet: „Die Weißwurst darf das 12-Uhr-Läuten nicht hören", das heißt, sie muss also bis Mittag gegessen sein. Das liegt daran, dass früher die Kühlmöglichkeiten nicht so gut waren und die Würste roh verkauft wurden. Heute werden sie üblicherweise schon vorgekocht verkauft und sind zu jeder Tageszeit beliebt. Traditionell werden Weißwürste aber immer noch zum Frühschoppen mit süßem Senf, Weißbier und ofenfrischen Brezen genossen. Kenner zeichnen sich dadurch aus, dass sie die Wurst mit der Hand essen und „zuzeln" – sie beißen die Haut auf und ziehen das Brät mit den Zähnen aus der Hülle oder saugen, also „zuzeln", es heraus. Alle anderen dürfen aber auch gerne Messer und Gabel zu Hilfe nehmen, Hauptsache, es schmeckt!
Für alle, die sich für die Geschichte und die Entstehung dieser urbayerischen Wurst interessieren, bietet die Weißwurst-Akademie in Neumarkt seit 2006 ganz besondere Einblicke. Metzgermeister Norbert Wittmann erklärt, warum man Weißbier zur Weißwurst trinkt und warum es der süße Senf ist, der den Geschmack noch besser macht. Die Teilnehmer dürfen die Zutaten vorbereiten und unter fachkundiger Anleitung das Brät herstellen. Anschließend wird die Wurst gefüllt, gebrüht und natürlich verkostet! Der Weißwurst-Knigge verrät, wie man die Weißwurst richtig isst. Zum Schluss bekommt jeder eine Urkunde und hat damit das Weißwurst-Diplom absolviert! Seit 2011 zeigt das 1. Bayerische Metzgerei- und Weißwurstmuseum eine komplette rund 150 Jahre alte original erhaltene Metzgerei-Ausstattung. Fast alle Geräte funktionieren noch. Sie wurden auf 150 Quadratmetern in der Reihenfolge des früheren Produktionsablaufs aufgebaut und bieten einen nostalgischen Einblick in die Arbeit einer Metzgerei des 18. und 19. Jahrhunderts.

TIPP

Wer Appetit bekommen hat, kann nebenan im Gasthof Oberpfälzer Spezialitäten probieren.

Weißwurst-Akademie und 1. Bayerisches Metzgerei- und Weißwurstmuseum, Bahnhofstraße 21, 92318 Neumarkt i. d. OPf., Tel. (0 91 81) 90 74 26
www.weisswurstakademie.de, www.metzgereimuseum.de
ÖPNV: Bus 514, 582, 584, RB, S3, Haltestelle Bahnhof Neumarkt i. d. OPf.

Berkel
BERKEL

Den Fischen Hallo sagen

19 *Erlebnispark Wasser-Fisch-Natur in Wackersdorf*

Ganz leise ist es, nur das Wasser plätschert und eine Mücke summt am Ohr vorbei. Eine große wunderschön blaue Libelle fliegt quer über den Weg und weist dem Besucher die Richtung. Direkt am Parkplatz taucht man ein ins Reich des Waldes und des Wassers. Gut bewacht von knorrigen Bäumen führt der barrierefreie Weg entlang der fünf renaturierten Teiche. Früher waren es langweilige Gewässer, jetzt ist der Erlebnispark Wasser-Fisch-Natur ein richtiger Geheimtipp für alle Fisch- und Wasserfreunde. Und auch Naturforscher, egal ob Groß oder Klein, kommen hier voll auf ihre Kosten. Alle Wasserratten sind herzlich willkommen, einen Tag an den Weihern zu verbringen. Die ursprüngliche Natur auf der linken Seite des Weges bezaubert mit kurvigen Wasserläufen, dichtem Bewuchs, Vogelgezwitscher und Bäumen aller Art. Zwischen den sich stolz dem Licht entgegenreckenden Riesen wachsen kleine hellgrüne Schösslinge und bunte Wildblumen. Umgestürzte Bäume bleiben liegen und sorgen so für neues Leben: Moose, Flechten und kleine Tiere finden Nahrung und eine Heimat. Auf der anderen Seite laden die Teiche zum Spielen und Entdecken ein, unter anderem mit einem Beobachtungshäuschen über dem Wasser. Im hölzernen Steg eingelassene Lupen zeigen die Wasserbewohner detailreich in ihrer vollen Schönheit. Wer kann da widerstehen, einen Blick durchs Glas zu werfen? Gerade die Karpfen sind mutige Fische und kommen ganz nah ans Ufer.

TIPP Das Charlottenhofer Weihergebiet direkt nebenan erkunden und Leckereien für ein Picknick mitbringen.

Karpfen aus Blech testen das Wissen der Besucher: auf der Vorderseite die Frage, beim Umklappen offenbart sich auf dem Rücken der Fische die Antwort. Geschichten und Gedichte sorgen für Unterhaltung. Wer mehr wissen möchte, kann sich an den Schautafeln über das Ökosystem am und im Wasser informieren oder an den Klang-Stationen seine Ohren erfreuen. Der Abenteuerspielplatz, der ebenfalls kostenlos besucht werden kann, bietet ein Floß, Hängebrücken, Wasserpumpen und Bagger – hier kann man im Sommer ausgiebig am und im Wasser toben.

Erlebnispark Wasser-Fisch-Natur, Holzhauser Straße, 92442 Wackersdorf, Tel. (0 94 31) 7 43 64 14
www.vg-wackersdorf.de
Anfahrt mit dem Auto, Parkplatz an der Holzhauser Straße

Goldstück Bayerns

20 *Gold-Lehrpfad im Oberviechtacher Land*

So schön wie Gold! Das Oberviechtacher Land wird oft Goldstück Bayerns genannt. Weil die Landschaft so schön ist wie das seltene Edelmetall? Sicher auch, man kann diesen glänzenden Schatz hier aber wirklich finden. Oberviechtach ist in Deutschland einer der wenigen Orte, an denen die Suche nach Gold von Erfolg gekrönt sein kann. Bereits im Mittelalter wurde im Oberpfälzer Wald Bergbau betrieben, aufgrund der ergiebigen Goldvorkommen wurde Ende des 20. Jahrhunderts versuchsweise sogar moderne Großtechnik eingesetzt. In der Langau liegt der älteste Goldbergbau der Oberpfalz! Eine Urkunde von 1318 beweist, dass hier schon vor 700 Jahren nach der Kostbarkeit gesucht wurde. Der historische Gold-Lehrpfad erzählt über die Herkunft des Goldes und wie man es finden kann. Bis heute sind inmitten der wunderschönen Natur viele Spuren des mittelalterlichen Goldbergbaus sichtbar. Der geheimnisvolle „Gütting-Rundwanderweg“ führt seine Wanderer an goldführenden Bächen zum berüchtigten Güttingloch mit seinen Golderzadern. Unterwegs sind Schürfgruben und Abraumhalden zu sehen. Ein Abstecher zum wildromantischen Greiner-Weiher oder der historischen Greiner-Schleife, wo einst Glas geschliffen wurde, lohnt sich. Goldfieber und Abenteuerlust? Wer sein Glück herausfordern möchte, kann sich einer geführten Wanderung anschließen, bei der Gold am Bach gewaschen wird. Schon einige hatten Glanz in ihrer Goldwaschpfanne und ein Funkeln in den Augen. Das „Goldwäscher-Diplom“ ist garantiert.

TIPP Der größte Holzbierkrug der Welt ist nur wenige Autominuten entfernt zu bestaunen. Er fasst 4718 Liter.

Im Doktor-Eisenbarth- und Stadtmuseum können Besucher einen Blick durchs Mikroskop werfen und glänzenden „Oberviechtachter Goldstaub“ bestaunen. Die uralte Faszination des Goldes packt jeden. Außerdem erzählt das Museum von Doktor Eisenbarth, einem fahrenden Wund- und Wunderarzt, kunstfertigen Augenheiler und Verkaufsgenie. Er wurde 1663 in Oberviechtach geboren und war berühmt-berüchtigt für seine Operationen und selbst hergestellten Medikamente. Seit 2002 gibt es ein Festspiel über Eisenbarth und sein Leben.

Gold-Lehrpfad, 92526 Oberviechtach-Unterlangau

Anfahrt mit dem Auto, Start der Wanderung an der Infostelle am Gütting

GOLDLEHRPFAD

Steinig schön

21 *Prädikatswanderweg Goldsteig*

Oft wird die Oberpfalz liebevoll „Stoapfalz", Steinpfalz, genannt. Für die Bauern früher schwierig, da auf den steinigen Äckern außer Kartoffeln wenig wuchs. Heute zieht die wunderschöne Landschaft mit den vielen Steinen und den beeindruckend-markanten Felsen zahlreiche Besucher an. Der Prädikatswanderweg Goldsteig führt quer durch das verwunschene, ursprüngliche Waldreich, an uralten Burgruinen, Gewässern und sagenumwobenen Orten vorbei. Auf den 660 Kilometern des Fernwanderwegs geht es von Marktredwitz nach Passau. Auf den „Goldenen Steigen" wurde im Mittelalter das „weiße Gold", also Salz, nach Böhmen transportiert. Echtes Gold gibt es hier auch in vielen Minen und Bächen. Das größte zusammenhängende Waldgebiet Mitteleuropas aus Oberpfälzer Wald und Bayerischem Wald auf deutscher Seite und Böhmerwald in Tschechien ist zu allen Jahreszeiten ein Erlebnis. Hier findet jeder seinen eigenen Rhythmus wieder, kann sich auf sich und die prachtvolle Natur besinnen. Weit weg von städtischer Zivilisation und Alltag kommen die Gedanken zur Ruhe. Dieser Wald, das „Grüne Dach Europas", stellte die alten Römer vor schier unüberwindliche Herausforderungen. Am für sie undurchdringlichen, menschenleeren Nordwald endete das Römische Reich und damit die Zivilisation. Zu Zeiten des Eisernen Vorhangs war in der Region wieder das Ende der Welt – dieses Mal das von Westeuropa. Heute queren zahlreiche Wanderwege den einst so Furcht einflößenden Wald. Der grenzüberschreitende Goldsteig ist der längste zertifizierte Qualitätswanderweg Deutschlands und zählt zu den Top Trails of Germany. Er verbindet fünf deutsche Naturparke, den Nationalpark Bayerischer Wald und den böhmischen Nationalpark Šumava. Ergänzend wurde 2018 der 290 Kilometer lange tschechische Zlatá stezka eröffnet. Mit Zubringern und Querverbindungen ergibt das insgesamt ein 2200 Kilometer langes Wegenetz. Wem sein Gepäck zu schwer ist, der kann sich die Taschen zum nächsten Übernachtungsort bringen lassen.

TIPP Weniger anstrengend ist es auf der Südroute über die Höhenzüge des Vorderen Bayerischen Waldes.

Goldsteig
www.goldsteig-wandern.de
Anfahrt mit dem Auto

BURGENWEG
OWV

Formvollendete Schönheit

22 *Museum für historische Maybach-Fahrzeuge*

Chromglänzende Oberflächen, sanft geschwungene Kurven und Kotflügel, auf Hochglanz polierter Lack und ein mächtiger Kühlergrill – so präsentiert sich ein Maybach. Mit viel Sinn für Ästhetik und formvollendete Schönheit gebaut und ganz, ganz selten. Noch nie einen gesehen? Dann auf ins Museum für historische Maybach-Fahrzeuge in Neumarkt. In diesem Paradies für Maybachfans und Oldtimerfreunde zeigen Anna und Dr. Helmut Hofmann ihre einmaligen Schätze. Die Hofmanns haben nicht nur das Glück, die majestätischen Kostbarkeiten täglich zu sehen, sondern sie fahren die Fahrzeuge auch regelmäßig, damit sie keine Standschäden davontragen. Unglaublich, aber wahr: Etwa 10 Prozent aller noch existierenden Maybach-Fahrzeuge weltweit sind hier im Museum seit März 2009 zu bestaunen! Und jedes der 20 historischen Automobile ist ein extrem seltenes Fahrzeug, wenn nicht gar einmalig. Rund 1800 Exemplare der edlen Schmuckstücke wurden zwischen 1920 und 1941 produziert. Das Neumarkter Museum ist weltweit das einzige, das sich ausschließlich mit der Marke Maybach befasst. Herzstück der Ausstellung auf rund 2500 Quadratmetern Fläche sind die Maybachs. Nicht alle sind schick und wie neu – der schwarze „Zeppelin" aus dem Baujahr 1939 zum Beispiel hatte offensichtlich ein nicht ganz einfaches Leben, bevor er hierherkam. Er ist rostig und voller Beulen, ein Luxusleben war das nicht. Er war nach dem Zweiten Weltkrieg ein Bus und wurde danach bis 1991 in der Ukraine gefahren, informiert ein Schild. Deswegen hat er auch russische Ersatzteile – ein Unikum! Zu fast allen Fahrzeugen gibt es lesenswerte Hintergrundinfos über ihre früheren Besitzer und ihre Geschichte, die Anna Hofmann recherchiert und rekonstruiert hat. Das Museum befindet sich im ehemaligen Industriegebiet südlich der Altstadt. Die Express Werke, die von 1884 bis 1959 hier Fahr- und Motorräder produzierten, erbauten das Gebäude – deswegen wird auch eine Sammlung dieser Räder gezeigt.

Museum für historische Maybach-Fahrzeuge, Holzgartenstraße 8, 92318 Neumarkt i. d. OPf., Tel. (0 91 81) 4 87 71 00, www.automuseum-maybach.de
ÖPNV: RB, S3, Haltestelle Bahnhof Neumarkt i. d. OPf.

NM MM 29 H

Uralt und doch ganz modern

23 *Kloster Speinshart hat viel zu bieten*

Betritt man das historische Klosterdorf durch den alten Torbogen, ist es wie ein Eintritt in eine andere Welt. Der erste Gedanke: „Wow!“ Kloster Speinshart ist nämlich ein ganzes, sehr lebendiges Dorf, wohl eines der schönsten Dörfer Süddeutschlands. Das spürt man als Besucher, man fühlt sich willkommen und geborgen innerhalb der dicken schützenden Mauern des barocken Klosterdorfs. Im Herzen der Gemeinschaft liegen die prächtige Klosterkirche und der Kloster-Gasthof. Die wunderbare Tradition der Gastfreundschaft wird hier im wahrsten Sinne des Wortes gelebt. Gekocht wird gut bayerisch und mit regionalen Qualitätsprodukten je nach Saison. Wer nach dem Essen müde geworden ist oder länger in dieser friedlichen Umgebung verweilen möchte, kann sich eines der Zimmer mieten und die klösterliche Ruhe genießen. Das Nordtor, früher einziger Zugang, ist heute bewohnt. Mit seinem barocken Äußeren ist es eines der schönsten Wohnhäuser im Klosterdorf. Auch das Gärtchen davor ist wunderschön und liebevoll gepflegt, wie auch die anderen Gärten und Grünflächen. Der große Innenhof des Dorfs führt zur Klosterkirche, an den anderen Seiten ist er von Häuserfassaden umgeben. Jedes der altehrwürdigen Gebäude ist einen zweiten Blick wert und hat seine ganz eigene Geschichte zu erzählen, wie zum Beispiel das ehemalige Richterhaus aus dem Spätmittelalter.

TIPP An einer Führung durch das Klosterdorf teilnehmen und mehr über die Geschichte erfahren.

Bereits 1145 auf einer Sandsteininsel erbaut, hat das Kloster eine wechselvolle Geschichte mit Säkularisierung und Wiederbesiedelung hinter sich. Es ist nicht nur eine Abtei, sondern auch internationale Begegnungsstätte mit umfangreichem Kulturprogramm. Damit ist das Kloster wieder neu zu einem Ort der religiösen und kulturellen Begegnung im Herzen Europas geworden. Konzerte und Ausstellungen begeistern regelmäßig die Gäste. Auch die Kooperation als Innovativer LernOrt der Ostbayerischen Technischen Hochschule Amberg-Weiden sorgt für frischen Wind an diesem uralten und doch so modernen Ort.

Kloster Speinshart, Klosterhof 8, 92676 Speinshart, Tel. (0 96 45) 60 19 37 01
www.kloster-speinshart.de
ÖPNV: Bus 6283, Haltestelle Speinshart

Träumen wie Buddha

24 *Nepal Himalaya Park in Wiesent*

Auf den ersten Blick ist es wie ein Traum – auf den zweiten auch. Man fühlt sich, als hätte man eine lange Flugreise hinter sich gebracht und wäre in Asien angekommen: Ein herrlicher Park in Grün mit vielen bunten Akzenten. Träumende Buddhas und steinerne fernöstliche Figuren begrüßen. In der Stille des großen buddhistisch-hinduistischen Nepal Himalaya Park in Wiesent fasziniert der filigrane Pavillon. Manchem mag er bekannt vorkommen – kein Wunder, denn er war im Jahr 2000 Teil der Expo in Hannover und begeisterte rund 3,6 Millionen Gäste. Der Landesbeitrag Nepals war einer der beliebtesten internationalen Pavillons der Weltausstellung, an der 178 Nationen und internationale Organisationen teilnahmen. Er wurde über drei Jahre lang von 800 Handwerkerfamilien erbaut und geschnitzt. 450 Tonnen robustes Salholz wurden so veredelt und sorgen für andächtiges Staunen. In der Betrachtung der Details der Schnitzereien kann man sich verlieren und die Zeit vergessen. Der Pavillon vereint hinduistische und buddhistische Elemente. Er ist ein Symbol für Frieden, Harmonie und Toleranz. Nach der Ausstellung auf der Expo wurde das Bauwerk von 28 nepalesischen Handwerkern zerlegt und in Wiesent wieder aufgebaut. Auf ganzen 9 Hektar Gartenanlage mit zierlichen Brücken, einem See, Statuen und natürlich dem Pavillon findet man Ruhe und Gelassenheit. Momente der Vollkommenheit und Zufriedenheit machen den Park zum Sehnsuchtsort, zu einer Quelle von Kraft und Energie. 6000 verschiedene Pflanzenarten tauchen den Park in wohltuendes Grün und belebende Farben. Besonders schön ist es im Frühsommer, wenn die Rhododendren, die Nationalblumen Nepals, blühen und den Pavillon in ein Farbenmeer hüllen. Im Nepal Himalaya Park herrscht eine wunderbar bereichernde Atmosphäre. Perfekt für frische Gedanken, die guttun. Hier kann man sich erden, ankommen und Eindrücke für alle Sinne sammeln. Inzwischen wird der buddhistisch-hinduistische Landschaftspark vom Garten der Freude, dem großen Chinagarten, ergänzt.

Nepal Himalaya Park, Martiniplatte, 93109 Wiesent, Tel. (0 94 82) 95 96 86
www.nepal-himalaya-pavillon.de
ÖPNV: Bus 5, Haltestelle Schloßplatz Wiesent

Heiß geliebter Kaffee

25 *Die Kaffeerösterei Chamer Land*

Schon vor der Ladentüre duftet es herrlich nach frischem Kaffee. Der beste Duft der Welt führt direkt in das gemütliche Kaffeeparadies von Avou und Jürgen Wittmann im historischen Gebäude des urigen Rathaus-Gewölbes im Herzen von Cham. Der Fluss Regen zieht hier eine Schleife, deswegen wird Cham liebevoll die „Stadt am Regenbogen" genannt. In der Kaffeerösterei verführen unzählige Päckchen Kaffee zum Kauf. Wie soll man sich da entscheiden? Am liebsten würde man alle Sorten probieren. Wer ein bisschen Zeit mitbringt, kann sich in der „Kaffeeküche", von Martin Faulwasser im gleichen Raum betrieben, durch die Sorten kosten. Und währenddessen zuschauen, wie der Kaffeeröster Jürgen Wittmann gekonnt die verschiedenen Knöpfe und Hebel seiner Maschinen bedient. Ein kleines Wunder, wie aus den rohen und unscheinbaren Bohnen feinster Kaffee wird. Eins haben alle Kaffeesorten der Kaffeerösterei Chamer Land gemeinsam: Sie stecken voller Geschmack und Liebe. Die Kaffeebohnen werden von Hand geerntet, verarbeitet und nach ihrer langen Reise nach Cham in kleinen Mengen schonend, mit viel Fingerspitzengefühl und Zeitaufwand geröstet. Das schmeckt man! Denn durch diese Röstverfahren entfalten sich die 800 bis 1200 Aromen, die in den kleinen Muntermachern stecken. Gleichzeitig enthält dieser Kaffee wenig Säuren, sodass er bekömmlicher ist als industriell hergestellter. Der Chamer Kaffee bietet einen runden, stimmigen Genuss, oft nussig und schokoladig. Selbst der koffeinfreie Kaffee ist ein echtes Vergnügen. Die Kaffeebohnen kommen aus Asien, Afrika, Mittel- und Südamerika in die Oberpfalz. Ein besonderes Augenmerk legt das Ehepaar Wittmann auf die Sorten aus Thailand, wo sie sich 2011 kennenlernten. In der Bergwelt Nordthailands haben sie seit 2012 ihre eigenen Kaffeehügel. Zusätzlich kaufen sie von anderen Kaffeebauern dazu und importieren die Bohnen direkt nach Cham. So fördern sie und ihre Käufer zugleich die Zukunftsaussichten dieser ländlichen Regionen.

TIPP Einen Kurs über den Kaffeeanbau, das Rösten oder unterschiedliche Zubereitungsmöglichkeiten buchen.

Kaffeerösterei – Chamer Land, Marktplatz 2, 93413 Cham, Tel. (01 71) 9 33 59 36
kaffeeroesterei-chamer-land.de
ÖPNV: Bus 100, 101, 103, Haltestelle Steinmarkt

CHEMEX
CHEMEX

So tief es geht

26 *GEO-Zentrum an der KTB*

Ganz tief in den Abgrund schauen. Aber so weit reicht das Auge nicht, wie es hier abwärtsgeht, denn das Bohrloch in Windischeschenbach ist eines der tiefsten Bohrlöcher der Erde. Und weil das noch nicht Superlativ genug ist, hat das GEO-Zentrum an der kontinentalen Tiefbohrung auch gleich noch den weltweit höchsten Landbohrturm. Er ragt mit seinem Bohrgestänge 83 Meter in die Höhe. Bei einem Besuch kann man eintauchen in die spannenden Umbrüche unseres Planeten. Hier wird gezeigt, was Geowissenschaftler und Ingenieure mit der tiefsten Forschungsbohrung der Welt herausfanden. Zwischen 1987 und 1994 wurden im Rahmen des kontinentalen Tiefbohrprogramms der Bundesrepublik Deutschland die beiden 4000 Meter und 9101 Meter tiefen Bohrlöcher geschaffen. Wow! Mehr als 9 Kilometer tief drang der Bohrer damals in das Innere der Erde vor. Das ist eine weltweit einmalige bohrtechnische und wissenschaftliche Leistung! Die neuen Erkenntnisse über die Erdkruste waren immens. Und das alles bei Temperaturen von rund 265 Grad!
Und warum wurde hier gebohrt und wie? Das GEO-Zentrum an der KTB, so wird das kontinentale Tiefbohrprogramm kurz genannt, zeigt eindrucksvoll mit Dokumentationen und Anschauungsstücken, wie hier gearbeitet und geforscht wurde. Bei der Bohrturmführung wird es richtig windig und es ist gut, schwindelfrei zu sein, denn die Besucherplattform des Bohrturms liegt in luftigen 17 Metern Höhe. Beeindru ckend sind nicht nur die ehemaligen Bohrgeräte, sondern auch die Komponenten des KTB-Bohrstrangs und des Getriebehebewerks des Bohrturms. Was für mächtige Werkzeuge und Anlagen! Weniger hoch hinaus, aber mindestens genauso spannend sind die Führung durch das Probenarchiv, die geologische Fachführung und Führungen über das Gelände zur Geologie der Umgebung. Auch das GEO-Kino zeigt Interessantes und ein ganz besonderer Besuch mit Nutzung der GEO-Labore ist halb- oder ganztägig möglich. Sogar (Kinder-)Geburtstage kann man hier feiern.

TIPP Wie fühlt es sich an, wenn die Erde bebt? Die Platte, die ein Erdbeben simuliert, besuchen.

Geo-Zentrum an der KTB, Am Bohrturm 2, 92670 Windischeschenbach, Tel. (0 96 81) 40 04 30
www.geozentrum-ktb.de
Anfahrt mit dem Auto

KTB
KTB

Flanieren leicht gemacht

27 *Weidener Altstadt bezaubert*

Die historische Altstadt von Weiden zwischen dem Unteren und dem Oberen Tor begeistert mit ihren wunderschönen, bunten Giebelhäusern. Die malerischen, wunderbar restaurierten Renaissance-Gebäude, die sich dicht gedrängt aneinanderreihen, sind fast 500 Jahre alt. Im Zentrum steht das Alte Rathaus aus dem 16. Jahrhundert, das bis heute seinen geschichtsträchtigen Charme bewahrt hat. Seit 1983 beglückt das klangvolle Glockenspiel an der Fassade in Richtung Oberer Markt täglich um 11:35 und 16:35 Uhr alle Weidener und Besucher musikalisch. Gegenwärtig beherbergt das ehemalige Rathaus, früher Mittelpunkt des gesellschaftlichen Lebens in Weiden, kleine Lädchen und Gastronomie. Eine wunderbare Kulisse für den zweitältesten Christkindlmarkt Bayerns, wenn das Alte Rathaus zum märchenhaften „lebendigen“ Adventskalender wird. Im Sommer genießt man Eis schleckend, Espresso trinkend oder Cocktail schlürfend das fast schon mediterrane Lebensgefühl. Seit 2001 haben sich die Sonnenstunden in Weiden mehr als verdoppelt und liegen nun bei rund 1855 Sonnenstunden im Jahr. Perfekt, um die Stadt ausgiebig zu erkunden, um sich vom Flair verzaubern zu lassen. Von der mittelalterlichen Stadtmauer sind noch etwa 275 Meter zu sehen. Ihre Fugen und Ritzen dienen kleinen Lebewesen als Heimat, genau wie auf der Michaelskirche die Turmfalken wohnen. Eine grüne Oase für Mensch, Flora und Fauna bietet der Max-Reger-Park. Leuchtende Blumenbeete, saftige Grünflächen und altehrwürdige Bäume sorgen für eine naturnahe Auszeit. Das Internationale Keramik-Museum zeigt historische und moderne Ausstellungsstücke. Weiden wurde bekannt durch sein Porzellan, das „weiße Gold“, das bis heute von namhaften Herstellern in der Stadt produziert und weltweit in Palästen, Hotels und auf Kreuzfahrtschiffen benutzt wird. Und woran erkennt man die Weidener? Das sind die Hotelgäste, die mit dem Weidener Griff das Porzellan umdrehen und den Bodenstempel lesen. Meistens kommt das Geschirr aus der Heimat.

TIPP Im Stadtmuseum die Geschichte des musikalischen Ausnahmetalents Max Reger entdecken.

Altstadt Weiden, www.weiden.de

ÖPNV: RE, Haltestelle Bahnhof Weiden i. d. OPf.

Ein Traum voller Rosen

28 *Rosige Zeiten in der Delikatessen Manufaktur*

Ihr betörender Duft, die unendliche Vielfalt an Farben und die exquisiten Formen mit den einzelnen Blütenblättern, die sich so vertraut aneinanderschmiegen – Rosen sind einzigartig. Schon seit Ewigkeiten sind Rosen der Inbegriff von Liebe, Schönheit und Eleganz. Ihr Anblick verzaubert immer wieder aufs Neue. Kein Wunder, dass Rosen auch als Königinnen aller Blumen bezeichnet und verehrt werden. In der Delikatessen Manufaktur Bergler-Fischer in Schwarzenfeld dreht sich 365 Tage im Jahr alles um die edle Rose. Seit 1996 pflanzt die Familie Damascenerrosen an, aus deren Blütenblättern fast 50 kulinarische Kreationen gefertigt werden: Rosengelee in allen möglichen Varianten, Rosenzucker, Rosensirup, getrocknete Rosenblätter, Tees und süße Leckereien wie Orientalischer Rosenkuchen oder RosenMispelmus, aber auch Raritäten wie Rosennudeln oder pikante Senfrosen. Die Rosenconfiserie rundet die vielfältige Auswahl ab. Da die Familie auch ein Brennrecht besitzt, gibt es dazu feine Obst- und Tresterdestillate aus der hauseigenen Brennerei. Der pastellfarbene Rosé de Roses ist ein Gedicht! In der Vergangenheit wurde eine Vielzahl an Destillaten, Likören und Rosendelikatessen – unter anderem von der Deutschen Landwirtschafts-Gesellschaft DLG – mit zum Teil höchsten Auszeichnungen prämiert. Alle Produkte werden in reiner Handarbeit und aus besten Zutaten hergestellt! Direkt vor Ort können Neugierige nachmittags im liebevoll eingerichteten Rosenzimmer oder im romantischen Rosengarten Rosentorten und andere Spezialitäten zum Kaffee genießen. Bei schönem Wetter führt die Chefin höchstpersönlich durch den verwunschenen Garten des ehemaligen Klostergebäudes. Sie beantwortet kurzweilig alle Fragen rund um die Themen Garten, Gartenpflege, Rosenschnitt und vieles mehr. Rosenfreunde erhalten sicherlich den einen oder anderen guten Tipp, wie die Schönheiten daheim noch besser gedeihen.

TIPP

Für zu Hause oder als Geschenk ist das Rosenkochbuch „Rosen à la carte" perfekt.

Die Delikatessen Manufaktur Bergler-Fischer, Bahnhofstraße 10, 92521 Schwarzenfeld, Tel. (0 94 35) 30 12 34, www.bergler-fischer.de

ÖPNV: Bus 6275, 6317, Haltestelle Buchtalweg

Die kleine Schwester

29 *UNESCO-Weltkulturerbe Stadtamhof*

Regensburg ist weltbekannt für seine wunderschöne Altstadt, die gut erhaltenen mittelalterlichen Gebäude, die malerischen Gässchen und das mediterrane Flair – man nennt sie gerne „die nördlichste Stadt Italiens". Stadtamhof ist die kleine, bezaubernde Schwester Regensburgs am nördlichen Donauufer am anderen Ende der Steinernen Brücke. Stadtamhof zählt zum denkmalgeschützten Ensemble der Regensburger Altstadt, seit 2006 Weltkulturerbe der UNESCO. Im Mittelalter war Stadtamhof eine kleine, bayerische Stadt, Nachbarin der freien Reichsstadt Regensburg. Etwa 2000 Menschen lebten in dieser Siedlung, die auf ein Landgut zurückgeht, das zum Kloster Emmeram gehörte. Von 1135 bis 1146 wurde die Steinerne Brücke zwischen beiden Donauufern gebaut – ein Wunderwerk zu dieser Zeit, heute eines der Wahrzeichen von Regensburg. Die Brücke ist 310 Meter lang, hat 16 Bögen und darf nur noch von Fußgängern genutzt werden. Jahrhundertelang war diese Brücke, die fast genau am nördlichsten Punkt der Donau steht, der einzige steinerne Übergang über diesen Strom zwischen Ulm und Wien: Wer von Nord nach Süd und umgekehrt reiste, musste über die Steinerne Brücke – perfekt, um Maut zu erheben und den Handelsverkehr und Reisende durch die Stadt zu lotsen.

TIPP Die Steinerne Brücke überqueren und auf Regensburger Seite in der Historischen Wurstkuchl einkehren.

In Stadtamhof gehen die Uhren noch ein bisschen anders, das Kleinstadtflair lädt ein, durch die romantischen Gassen zu schlendern und überall Schmankerl zu entdecken: kleine Läden und Handwerksbetriebe, malerische Ecken und idyllische Hinterhöfe, aber auch Sehenswürdigkeiten wie die Rokokokirche und ehemalige Stiftskirche St. Mang oder den Andreasstadel, in dem früher Salz gehandelt wurde – heute Hotel, Kunstakademie und Programmkino. Direkt an der Brücke warten herrliche Lokale, teils mit bestem Blick auf die andere Donauseite, auf Regensburg und den Dom St. Peter, die bedeutendste gotische Kathedrale Süddeutschlands. Echte Kenner kehren in die Spitalbrauerei oder den Spitalgarten des St. Katharinenspitals ein und genießen das süffige Bier.

Stadtamhof, 93047 Regensburg
www.regensburg.de, www.tourismus.regensburg.de
ÖPNV: Bus 17, 117, Haltestelle Dultplatz

EIS
GALERIE

Märchen lebendig erzählt

30 *Oberpfälzer Märchengarten am Murner See*

Mitten im Herzen des Oberpfälzer Seenlandes erwacht der Sagen- und Märchenschatz von Franz Xaver von Schönwerth zum Leben. Franz Xaver von Schönwerth war der bedeutendste Sammler von Sagen, Märchen, Legenden, Sprichwörtern und Bräuchen in der Oberpfalz und in Bayern. Vor mehr als hundert Jahren schrieb er diese Erzählungen für die Nachwelt auf, wovon selbst der berühmte Jacob Grimm beeindruckt war. Am Murner See hat der Volkskundler, Märchensammler und waschechte Oberpfälzer von Schönwerth ein wunderbares, lebendiges Denkmal bekommen. Keine Statue, an der man achtlos vorbeiläuft, sondern einen herrlichen kleinen Märchengarten. Direkt am Rundweg um den Murner See liegt dieses malerische Märchenreich. Ein weicher Teppich aus Hackschnitzeln lädt dazu ein, durch das fröhliche Holztor mit den beiden verschmitzten Gesichtern zu schlüpfen. Dahinter erwecken Schautafeln, bunte Illustrationen und auffallende Holzskulpturen die Sagen und Märchen von Franz Xaver von Schönwerth zum Leben. Die sechs erlebbaren Geschichten sind relativ unbekannt, dennoch bedeutend, weil sie zur Geschichte und zum Vermächtnis der Oberpfalz gehören. Ein Besuch des kleinen Idylls ist nicht nur für Kinder lohnenswert, denn eine märchenhafte Zeitreise lockt. Der Zugang ist kostenlos und immer möglich. An warmen Tagen ist eine Abkühlung schräg gegenüber an der Naturkneippanlage ein Genuss. Wer noch einen Weitblick über den angrenzenden See genießen möchte, geht die paar Meter hinüber zum Aussichtsturm. Von den Plattformen in 9 und 12 Metern Höhe präsentiert sich der Murner See aus ganz neuen Perspektiven. Sportler können im See schwimmen oder tauchen. Genauso schön ist es, mit dem Boot zu fahren, Stand-up-Paddling auszuprobieren oder eine Segway-Tour zu unternehmen. Noch mehr lebendig gestaltete Geschichten von Franz Xaver von Schönwerth gibt es auf dem Schönwerth-Märchenpfad in Sinzing bei Regensburg und auf dem Schönwerth-Sagenweg im Zottbachtal nahe Georgenberg.

TIPP **Direkt nebenan liegt der Erlebnispark Wasser-Fisch-Natur mit Wasserspielplatz und Kiosk.**

Oberpfälzer Märchengarten, Murner Seestraße, 92442 Wackersdorf
www.oberpfaelzer-seenland.de

Anfahrt mit dem Auto, Großparkplatz Murner See in der Industriestraße

Oberpfälzer Märchengarten

Hundert Prozent Bio!

31 *Neumarkter Lammsbräu ist ein Vorreiter*

Bayern und Bier – das gehört zusammen. Mit rund 650 Braustätten, wie es offiziell heißt, hat der Freistaat die meisten Sudhäuser in Deutschland. 40 Prozent der deutschen Brauereien haben ihren Sitz hier. Keine andere Region weltweit hat eine so hohe Dichte an Brauereien! Etwa 80 der Braustätten finden sich in der Oberpfalz, die bei Kennern für ihre guten, süffigen und vollmundigen Biere bekannt ist. Auch das Reinheitsgebot aus dem Jahr 1516 stammt aus Bayern. Der Bayerische Herzog Wilhelm VI. hat es festgelegt.

Eine ganz spezielle Brauerei ist die Neumarkter Lammsbräu. Seit mehr als 200 Jahren im Besitz der Familie Ehrnsperger wurde der Betrieb vor rund 40 Jahren auf ein komplett nachhaltiges Unternehmen umgestellt. Heute ist Lammsbräu zu 100 Prozent Bio und damit ein Vorreiter bei den Brauereien. Wenn der goldgelbe „Lammsbräu Urstoff" schäumend ins Glas fließt und alleine der Geruch seiner feinen Röstnote an die kräftigen Gerstenfelder der Oberpfalz erinnert und Durst macht, weiß man: Bio und Genuss sind auch hier kein Gegensatz! Nein, sie passen zusammen und ergänzen sich zu einer edlen Einheit voller Geschmack. Die hauseigene Bio-Mälzerei der Neumarkter ist eine Rarität – normalerweise wird Malz zugekauft. Für Lammsbräu aber ist es ein wichtiger Baustein, um die Qualität der Rohstoffe von Anfang an selbst in der Hand zu haben. So sichert die Brauerei gleichzeitig auch die Existenz der Biobauern der Region. Neugierig geworden? Natürlich werden auch Brauereibesichtigungen angeboten. Für die kleinen Besucher gibt es eine extra Führung für Kinder. Sie lernen dann die Rohstoffe fürs Bierbrauen, aber vor allem auch die für die Limonadenherstellung kennen. Besonderer Clou: Die Kinder entdecken die einzelnen Produktionsschritte in der Limoküche, dürfen selbst leckere Biolimonade machen und natürlich probieren. Die Eintrittsgelder werden größtenteils an den Landschaftspflegeverband Neumarkt zur Förderung von Umweltprojekten gespendet.

Neumarkter Lammsbräu, Amberger Straße 1, 92318 Neumarkt i. d. OPf., Tel. (0 91 81) 40 40
www.lammsbraeu.de
ÖPNV: RB, Haltestelle Bahnhof Neumarkt i. d. OPf.

Der Vulkan erwacht

32 *Explosives Vulkanerlebnis Parkstein*

Vorher haben noch Vögel ganz fröhlich gezwitschert, jetzt ist es unheimlich still geworden. Ein Pferd wiehert ängstlich. Es rumpelt tief unter der Erde, der Boden zittert – Rauch steigt auf. Die ersten Vorboten des drohenden Vulkanausbruchs. Der Lärm des mächtigen Bergs nimmt zu, dagegen ist kein tierischer Laut mehr zu hören. Gleich werden die Besucher des außergewöhnlichen Museums Vulkanerlebnis Parkstein hautnah einen Vulkanausbruch miterleben. Dabei stehen sie völlig gefahrlos am Schlot des Feuerberges und schauen direkt in die gewaltige Glut. Dann geht es los! Der Boden vibriert und ächzt, es dröhnt und brüllt, das Licht flackert noch einmal auf und erlischt. Es ist dunkel, Unheil liegt in der Luft. Aus dem Boden schnellt eine mächtige Säule aus Feuer und Rauch hervor und rast über die drei Stockwerke hinweg! Auch wenn man weiß, dass hier absolut nichts passieren kann, weicht man unwillkürlich einen Schritt zurück. Ist der beeindruckende Spuk modernster Laser- und Lichttechnik vorbei, muss man erst mal tief Luft holen. Es muss gigantisch gewesen sein, als der Basaltkegel draußen entstand! Die Explosionen und Eruptionen waren sicherlich weithin zu sehen und zu hören, als das Vulkanland Bayern-Böhmen noch aktive Feuerberge beheimatete. Vulkane gibt es hier viele, der Basaltkegel in Parkstein gehört zu den 100 schönsten Geotopen Bayerns und ist seit 2006 als Nationales Geotop gelistet.

Wild ging es auch in der wechselvollen Geschichte des Ortes zu – mit Kriegswirren, mächtigen Landrichtern und berüchtigten Räubern. Die bewegte Vergangenheit Parksteins erzählt das Museum ebenfalls unterhaltsam: modern und multimedial mit kurzen Filmen. Wer nach dem Museumsbesuch den echten Vulkan sehen will, hat es nicht weit. Nur wenige Meter entfernt erhebt sich eindrucksvoll die 38 Meter hohe Basaltwand. Markant sind die grazil nach oben strebenden sechseckigen Basaltsäulen, die sich aneinanderschmiegen. Die Felsenkeller erlauben sogar einen Blick ins Innere des Vulkans.

Vulkanerlebnis Parkstein, Schlossgasse 5, 92711 Parkstein, Tel. (0 96 02) 6 16 39 10
www.vulkanerlebnis-parkstein.de

Anfahrt mit dem Auto, Parkmöglichkeiten entlang des Marktplatzes

Schau mir in die Augen!

33 *400 Tiere im Bayerwald-Tierpark Lohberg*

Der Bayerwald-Tierpark Lohberg beherbergt über 400 Tiere, die zu 100 Tierarten gehören, die im Lebensraum Bayerischer Wald bzw. im bayerisch-böhmischen Grenzgebiet vorkommen oder früher hier lebten. Beeindruckend sind die wilden Wölfe, die anmutigen Luchse und die scheuen Wildkatzen, die mächtigen Elche, die schnellen Rentiere und die gewaltigen Wisente. Putzige Waschbären und geschickte Fischotter erfreuen ebenfalls die Herzen der Besucher. Der majestätischen Eule schaut man gerne tief in die orangegelben Augen. Natürlich erfahren die Gäste auf dem Rundgang durch diese einzigartige Einrichtung auch Wissenswertes über die Lebensweise der Tiere, ob sie gefährdet sind und was man tun kann, um sie zu schützen und ihr Überleben zu sichern. Gleichzeitig kommt man den Tieren ganz nah und kann sie in ihrem natürlichen Umfeld in artgerechten Gehegen beobachten. Auch das Gelände mit dem naturbelassenen Wald mit alten Bäumen, mit Bächen und Sumpfgebiet zwischen Großem Arber und Osser ist wunderschön und perfekt für einen Spaziergang mit Tierbesuch. Der Hauptweg durch den Bayerwald-Tierpark ist auch mit Rollstuhl oder Kinderwagen gut zu erkunden. Hunde dürfen angeleint ebenfalls mitkommen.
Um ein noch besseres Gespür für Tiere zu bekommen, darf jeder im Streichelzoo gleich am Eingang direkten Kontakt zu Eseln, Meerschweinchen, Kaninchen und Ziegen suchen. Wer sich den Tieren mit Respekt nähert und sie zärtlich berührt, wird ebenso nett begrüßt. Das Erlebnisareal mit Spielparadies erfreut alle Kinder mit einem Multifunktionsturm mit Rutsche und Hängebrücke. Gemütlich ist es in der Nestschaukel, kreativ im Sandkasten. In der Wassermatschanlage mit Pumpe darf nach Herzenslust geplanscht werden. Der Kiosk mit Terrasse ist gleich nebenan und sorgt nicht nur für leibliches Wohl, sondern auch für tolle Erinnerungen mit Souvenirs. Wer noch mehr wissen möchte, geht ins Info-Zentrum Haus am Elchsee, ebenfalls im Zentrum des Parks.

Bayerwald-Tierpark Lohberg, Schwarzenbacherstraße 1 A, 93470 Lohberg, Tel. (0 99 43) 81 45
www.bayerwald-tierpark.de
ÖPNV: Bus 590, 612, Haltestelle Lohberghütte Tierpark

Erholsamer Orient

34 *Entspannende Zeit im Sibyllenbad*

Die Wohltaten eines orientalischen Bades genießen, die angenehme Wärme spüren, merken, wie die Haut ganz zart wird und sich der ganze Körper entspannt. Das wäre schön – und man muss auch gar nicht in den Orient reisen, um dieses besondere Erlebnis genießen zu können: Im Sibyllenbad in Bad Neualbenreuth werden erholsame Badeträume wahr. Erst seit November 2019 ist Bad Neualbenreuth Bayerns jüngstes Heilbad, den Heilquellenkurbetrieb gibt es aber schon viel länger. Bereits 1689 wurde die erste Quelle in einen Brunnen gefasst. Selbst Johann Wolfgang von Goethe, der im nahen Böhmen zur Kur weilte, soll diese Quelle gekannt haben. 1997 kam der orientalische Badetempel dazu, 2006 die Wellnesslandschaft mit acht Saunen auf rund 2200 Quadratmetern.
Wer den original orientalischen Badetempel betritt, fühlt sich wie im Urlaub – kein Wunder, ist dieser Bereich doch wie ein türkisches Hamam gestaltet, wie ein Traum aus Tausendundeiner Nacht. Die orientalische Badezeremonie ist im Eintritt für den Wellnessbereich inklusive. Dazu gibt es leihweise ein Pestemal, ein türkisches Badetuch, und einen Seidenhandschuh samt Seife. Dann startet die Reise in die Erholung im Kräuterduftraum, anschließend geht es in die Dampfkuppel mit den drei Dampfkammern. Die Luftfeuchtigkeit ist hoch, nach und nach wird es in den Kammern wärmer. Durch das Abreiben mit dem Seidenhandschuh wird die Haut samtig weich. Das Einseifen mit der handgeschnittenen Lorbeerseife mit Olivenöl lässt die Haut strahlen. Wer mag, kann sich noch bei einer Massage oder mit einer pflegenden Packung verwöhnen lassen. In der maurischen Ruheoase bei einem Glas türkischem Tee und Obst am Brunnen ist der Kurzurlaub perfekt. In der medizinischen Abteilung wird seit mehr als 30 Jahren die Radon-Kohlensäure-Kombinationstherapie zur Schmerzlinderung bei rheumatischen oder Wirbelsäulenerkrankungen eingesetzt. Genutzt wird das Wasser der kohlensäuremineralhaltigen Sibyllenquelle und das der radonhalten Katharinenquelle.

TIPP Täglich gibt es in der Heilwasser-Badelandschaft kostenlose Kurse in Aquarobic und Wassergymnastik.

Sibyllenbad, Kurallee 1, 95698 Neualbenreuth, (0 96 38) 93 30
www.sibyllenbad.de
Anfahrt mit dem Auto

Butterfass im wilden Wasser

35 *Naturschutzgebiet Waldnaabtal*

Schon die Anfahrt zu diesem besonderen Waldort macht glücklich! Den Weg zu finden, ist nicht ganz einfach, aber der Anblick der Natur belohnt dann augenblicklich. Direkt am Parkplatz beginnt das Abenteuer Wald. Wunderschöne urwüchsige Baumriesen säumen den Weg, der steil nach unten zur Blockhütte und dem Wasserrad führt. Man atmet ganz tief die reine, würzige Waldluft ein. Im Halbschatten lässt es sich herrlich wandern. Der Weg ist breit und eben angelegt, sodass Räder und Reifen aller Art keine Probleme haben. Auch Esel sind willkommen, wenn sie wie Hunde an der Leine geführt werden. Die beiden Grautiere sorgen an diesem Tag für Staunen und Begeisterung, sind aber nicht immer anzutreffen. Radwege kreuzen den beliebten Wanderweg immer wieder – es ist genug Platz für alle da.

Die verwunschene Natur entlang des Waldnaabtals ist ein Geheimtipp, der begeistert. Der Fluss mäandert fröhlich und glasklar durch die Auen, umrundet glatt geschliffene Steine, schroffe Felsen, die Beine planschender Kinder und Baumstämme. Die Natur darf hier noch wildromantisch und ursprünglich sein. Das Herz wird ganz weit, die Augen können all die Schönheit kaum erfassen. Das Waldnaabtal ist eine Wunderwelt aus Wasser, Stein und Wald – entstanden durch die gewaltigen Urkräfte der Natur, die die mächtigen Granitfelsen rund geschliffen, durchfräst und aufgesprengt haben. Das sagenhafte Tal wird auch „Grand Canyon" der Oberpfalz genannt und ist ein einzigartiges Naturschutzgebiet. Tonnenschwere Felsformationen wie der Kammerwagen, der Amboss oder das Butterfass im wildrauschenden Wasser beeindrucken und verzaubern zugleich. Mitten im Felsenmeer scheint ein Steindrache zu lauern, grünes Dickicht verbirgt sein Nest. Moderne Infotafeln mit QR-Code bieten nicht nur Fakten, sondern auch Sagen und Geschichten zu Kammerwagen und Co als atmosphärische Audiodateien zum Anhören auf dem Smartphone mitten in der Natur und im Anblick der gewaltigen steinernen Monumente.

TIPP Den Ausflug mit einer Einkehr in der urigen Blockhütte mit dem Biergarten unter Kastanien beenden.

Naturschutzgebiet Waldnaabtal, www.oberpfaelzerwald.de

Anfahrt mit dem Auto, u. a. Wanderparkplatz bei Ödwalpersreuth, Wanderparkplatz bei Tannenlohe oder bei der Hammermühle bei Falkenberg

Windiger Kraftort

36 *Dreifaltigkeitsberg Muglhof bei Weiden*

Es ist ein bisschen schwierig, diesen beschaulichen Ort zu finden. Aber einfach wäre wahrscheinlich auch zu leicht für einen Platz wie diesen. Der Anstieg zieht sich, die Beine werden schwer, der Atem wird knapp. Und doch lohnt sich die Anstrengung. Auf den letzten Metern pfeift der raue Böhmische Wind um die Ohren, man spürt die Energie der Natur hier oben ganz deutlich. Vielleicht auch wegen des Windes – der 631 Meter hohe Dreifaltigkeitsberg zwischen Muglhof und Matzlesrieth bei Weiden wird als Kraftort bezeichnet. Und man merkt, dieses wunderschöne Fleckchen Erde ist außergewöhnlich. Oder ist es die schöne Szenerie von Kapelle und „Birnbeiml"? Gotteshaus im Miniaturformat und mächtiger Baum – der tatsächlich kein Birnbaum, sondern ein Bergahorn ist –, die sich in trauter Zweisamkeit fast aneinanderschmiegen. 1920 pflanzte der Muglhofer Georg Hilburger den heute imposanten Baum, um sich für seine unversehrte Rückkehr aus dem Ersten Weltkrieg und aus der französischen Gefangenschaft zu bedanken. Die Kapelle wurde erst 1993 eingeweiht. Mehr noch macht die atemberaubende Fernsicht von dieser markanten Anhöhe aus den Dreifaltigkeitsberg zum Kraftort. Es ist erhebend, von hier aus den Blick über das Naabtal und den Oberpfälzer Wald schweifen zu lassen. Eine grandiose Aussicht und eine himmlische Ruhe. Im Süden ist die einst mächtige und immer noch trutzige Burg Leuchtenberg zu sehen. Unterhalb der Ruine liegt das märchenhafte, romantisch verträumte Lerautal mit der sagenhaften Wolfslohklamm. Zwischen den schier unendlichen Bäumen spitzt östlich die pittoreske Wallfahrtskirche auf dem Fahrenberg hervor. Auf der anderen Seite im Westen kann man mit etwas Glück bis in die Fränkische Schweiz, die Hersbrucker Alb und das Nürnberger Land schauen. Wer weiterwandern möchte, kann den Dreifaltigkeitsberg in seine Route einbauen, denn die beiden Fernwanderwege Burgenweg und der beliebte Goldsteig führen ebenfalls direkt hierher.

Dreifaltigkeitsberg bei Muglhof/Weiden i. d. OPf.
www.birnbeiml.de
ÖPNV: Bus 6291, Haltestelle Muglhof

Tagebau wird zum See

37 *Vergangenheit des Oberpfälzer Seenlands*

Stählerne, tonnenschwere Ungetüme fressen sich laut lärmend durch die Landschaft, in der Luft liegt Staub und vor den Augen breitet sich eine unendlich scheinende Brache aus. Reich war Wackersdorf in den 1970er-Jahren und zugleich staubig, denn seit Anfang des 19. Jahrhunderts wurde hier Braunkohle im Tagebau abgebaut. In den 1980er-Jahren erlangte Wackersdorf Berühmtheit – sollte doch hier eine Wiederaufarbeitungsanlage für abgebrannte Brennstäbe aus Kernreaktoren errichtet werden. Dagegen wehrten sich die Einwohner und viele Sympathisanten – und so gab die damalige Bundesregierung diese Pläne auf. Auf dem Gelände befindet sich nun das Industriegebiet WTF 1, Westlicher Taxöldener Forst, wo unter anderem BMW ein Zuhause gefunden hat. Heute liegt das lebenswerte Wackersdorf im Oberpfälzer Seenland, denn die ehemaligen Tagebaugruben wurden aufgeschüttet oder geflutet: Murner See, Brückelsee und Steinberger See entstanden – ein beliebtes Freizeitparadies. Unbedingt einen Ausflug wert ist das frühere Abbaugebiet Westfeld, das heutige Geotop 99 „Wackersdorfer Braunkohle", das zu den 100 schönsten Geotopen Bayerns zählt. Von der kostenfrei zugänglichen Aussichtsplattform kann man freigelegte Braunkohleflöze betrachten und sehen, wie der Kohleabbau erfolgte. Das Heimat- und Industriemuseum im ehemaligen Laborgebäude der Bayerischen Braunkohlen-Industrie erzählt die Geschichte des Braunkohleabbaus im Wackersdorfer Revier, genau wie das Braunkohle- und Heimatmuseum in Steinberg am See. Die beiden Museen sind durch einen 4,8 Kilometer langen Museumslehrpfad verbunden. Der Weg führt durch rekultiviertes Bergbaugelände und durch die Geschichte der Braunkohle mit Großexponaten wie Eisenbahnwagen, Baggerschaufeln oder dem Läufer einer Dampfturbine. Außerdem zeigt er zukunftsweisende Formen der Energieerzeugung und auch einen kleinen „botanischen Garten der Erdgeschichte". Dieser Garten ist ein sogenannter Tertiärwald, in dem Pflanzen wachsen, die in Urzeiten zu Braunkohle wurden.

Oberpfälzer Seenland mit Heimat- und Industriemuseum Wackersdorf, Gewerbegebiet Werk, Werk 27, 92442 Wackersdorf, Tel (0 94 31) 7 55 53 60
www.wackersdorf.de
Anfahrt mit dem Auto

Den Wolken ganz nah

38 *Himmelsleiter bei Tirschenreuth*

Schon von Weitem grüßt die beeindruckende Himmelsleiter alle Wanderer und Radfahrer, die auf der Tirschenreuther Teichtour oder dem Vizinalbahn-Radweg unterwegs sind. Im milden honiggelben Glanz der sich dem Horizont entgegenneigenden Sonne blinkt die metallene Konstruktion und lädt zu einer Besteigung ein. Steil geht es 20 Meter hinauf, der Himmel ist ganz nah – fast zum Greifen. Der Panoramablick von oben auf die Teichlandschaft ist atemberaubend schön und bezaubert. Wie Juwelen funkeln die Teiche im Abendlicht. Ein paar Vögel sind zu hören, ein Rascheln zwischen den Bäumen, das Knirschen der Schuhe auf dem Weg – sonst nichts. Diese Stille, verbunden mit den wunderschönen An- und Ausblicken, tut Körper, Geist und Seele wohl. Hier kann man mal so richtig durchatmen und zur Ruhe kommen. Die uralte Sumpflandschaft mit ihren schier unendlichen Wasserflächen am Nordrand von Tirschenreuth hat viel zu erzählen. Die Wissensdurstigen erhalten zusätzlich viele Informationen auf den Tafeln.

Rund um die Himmelsleiter mitten in der Tirschenreuther Teichpfanne liegen unzählige kleine Gewässer. Liebevoll wird diese Landschaft auch „Land der 1000 Teiche" genannt. Im Naturschutzgebiet Waldnaabaue ist die rund 1000 Jahre alte Teichbautradition noch heute lebendig. Die im 10. Jahrhundert angelegte Teichlandschaft ist eine der größten und ältesten Kulturlandschaften Deutschlands. In rund 4700 Teichen leben Karpfen, Hechte, Schleien und unzählige andere Tiere. Natürlich fühlen sich auch wunderschöne Wasservögel in dieser einzigartigen Wasserlandschaft wohl. Der seltene Eisvogel und auch der Schwarzstorch haben hier eine Heimat gefunden. Ganze drei Jahre dauert es, bis ein Karpfen groß genug ist, um auf dem Teller zu landen. Abgefischt wird immer Ende September. Bis dahin werden die Tiere mehrfach in andere Teiche umgesetzt, gehegt und gepflegt. Gefüttert wird nur mit geschrotetem Getreide, das die Teichwirte meist auch noch selbst anbauen – nachhaltig und artgerecht.

TIPP

Rund 100 Meter weiter überspannt die sehenswerte Heusterzbrücke die Waldnaab.

Himmelsleiter, 95643 Tirschenreuth

Anfahrt mit dem Auto, Parkplatz Waldnaabaue Tirschenreuth in der Kornbühlstraße (Behnke Recycling Kornbühlstraße), von hier gut 20 Minuten Fußweg

39 *Phantastischer Karpfenweg in Kemnath*

Der rot leuchtende Karpfen zeigt schon von Weitem seine volle Schönheit. Ein paar Schritte weiter stehen sich zwei der Fische gegenüber, wie ins Gespräch vertieft. Vielleicht sind sie auch ein bisschen verliebt, so wie sie hier zusammen sind. Karpfen könnten das Wappentier der nördlichen Oberpfalz sein, in der mehr als 1000 Jahre alten Stadt Kemnath wurden sie zum Wahrzeichen ernannt. Seit Jahrhunderten gibt es hier schon Teiche mit Fischwirtschaft und auch heute noch sind Karpfen beliebtes Hobby und leckeres Essen zugleich. Die phantastischen Karpfen sind Botschafter und Markenzeichen der Urlaubsregion „Land der 1000 Teiche“. Sie waren bereits auf der Grünen Woche in Berlin, auf einer Ausstellung in der Landeshauptstadt München und bei der grenzüberschreitenden Landesgartenschau Marktredwitz-Cheb (Eger). Nun haben sie zurück in ihre Heimat gefunden und verschönern die Straßen und Plätze im Landkreis Tirschenreuth. Ein Teil des Schwarms aus den großen Karpfenskulpturen steht entlang des rund 2,8 Kilometer langen Phantastischen Karpfenwegs, der den Stadtkern mit seinen romantischen Gässchen und den Stadtweiher von Kemnath umrundet. Die 20 Kunstwerke, die von örtlichen Künstlern gestaltet wurden, sind mit erklärenden, manchmal lustigen, manchmal literarischen oder auch nachdenklichen Texten und Gedichten ergänzt. Ein entschleunigender Rundweg – kinderwagen- und fahrradfreundlich – , der der Seele Nahrung und dem Körper Erholung schenkt. Eine gelungene Verbindung von Kunst und Lebensfreude. Die Besucher lernen spielerisch die Geschichte der historischen Stadt kennen, die Karpfenwegrallye lädt zur Entdeckungstour ein.

Der angrenzende familienfreundliche Seeleitenpark besticht mit einer herrlichen Wasserterrasse. Gerne schlendert man entlang der schönen Seepromenade oder verweilt auf der Seebühne in Form eines Fisches. Spielschiff und Spielfisch Johann sorgen nicht nur für Zungenbrecherei, sondern für gute Laune bei den Kindern.

TIPP Die örtliche Klosterbrauerei braut das leckere Bier „Phantastisches Karpfengold“.

Phantastischer Karpfenweg, 95478 Kemnath
www.kemnath.de
Anfahrt mit dem Auto

Gottes reicher Garten

40 *Kloster- und Naturerlebnisgarten Waldsassen*

Körper, Geist und Seele im Einklang – das ist heute aktueller denn je. Viele Menschen streben danach, gerade in stressigen, hektischen Zeiten. Gleichzeitig ist diese Einstellung aber uralt. Sebastian Kneipp wusste schon zu Lebenszeiten, dass diese Balance wichtig ist für ein gutes, gesundes Leben. Im Kloster- und Naturerlebnisgarten der Abtei Waldsassen sind Besucher – ob gläubig oder nicht – herzlich willkommen. Der zauberhafte Garten innerhalb der hohen Mauern ist naturnah und wunderschön, aber vor allem auch praktisch gestaltet. So wachsen beispielsweise in einem Beet fast alle Zutaten für eine leckere Pizza. Auch ein Kneippgarten mit Wasserbecken und ein Bereich, der ganz den Heilkräutern nach Hildegard von Bingen gewidmet ist, ergänzen den Garten der Sinne, genau wie der Bauerngarten und der Mariengarten. In der einmaligen Bienensauna können Besucher die Augen schließen und dem beruhigenden Summen der Bienen lauschen.

Das Zisterzienserinnenkloster ist fast 1000 Jahre alt, der Anblick tief beeindruckend. Der Kloster- und Naturerlebnisgarten direkt daneben zeigt Elemente von Kneipps Lehre. Seine Pflanzenheilkunde wird ganz anschaulich, unter anderem mit einer Kräuterspirale. Der bayerische Kräuterdoktor riet, sich vor allem mit frischen, vollwertigen und naturbelassenen Lebensmitteln, viel Pflanzlichem und wenig Fleisch zu ernähren. Aus heutiger Sicht topmodern, der Herr Pfarrer! Er hatte verstanden, dass diese Art der Ernährung hilft, gesund zu bleiben oder zu werden, weil so der Körper und seine Schutzmechanismen unterstützt werden. Bei aller Vernunft war er aber kein Asket! Er mochte es einfach und naturbelassen, aber auch voller Lebensfreude und Lust am Essen. Der Garten der Abtei bietet fast alles, um eine solche Mahlzeit zuzubereiten. Wer sich mit Kräutern nicht auskennt, muss nicht verzagen, sondern kann fragen: Verschiedenste Kurse und Führungen der staatlich anerkannten Umweltstation helfen weiter.

TIPP

Der „grüne" Geschenkkorb als Mitbringsel für die Lieben zu Hause.

Kloster- und Naturerlebnisgarten, Brauhausstraße (Eingang), 95652 Waldsassen
www.kubz.de

ÖPNV: Bus 2700, 2702, 2704, 2706, 6276, 6286, 6287, Haltestelle J.-Wiesneth-Straße

Gehen, fühlen, glücklich sein

41 *Weg der Inspiration am Schwandorfer Kreuzberg*

Fast mitten in der Stadt Schwandorf liegt der Kreuzberg mit der bekannten Wallfahrtskirche. Nur Eingeweihte wissen, dass man hier oben Ruhe findet – ein Geheimtipp. Umso interessanter ist, dass es auch richtig inspirierend und anregend ist. Direkt neben der Kirche endet der Weg der Inspiration, ein Trimm-dich-Pfad für Geist und Seele. Den idyllischen Rundweg mit acht Stationen auf 1,5 Kilometern gibt es seit 2019. Er startet unten am Fuß des Bergs und lädt dazu ein, innezuhalten, zur Ruhe zu kommen, bei sich anzukommen: eine Auszeit zu genießen und sich gleichzeitig etwas Gutes zu tun. Auf den Tafeln entlang des Wegs zwischen uralten Baumriesen bekommt der Suchende wertvolle Impulse zu Themen wie Glück, Achtsamkeit und Stärke – alles gestützt auf wissenschaftliche Erkenntnisse der Positiven Psychologie. Los geht es mit einem Miniurlaub, es folgen Glücksmomente, Kindheitserinnerungen, Dankbarkeit, Achtsamkeit, Stärken, Glücksquellen und Freude, wenn man oben am Gotteshaus angelangt ist. Jede Station stellt Fragen oder Aufgaben, gibt Impulse. Die angebotenen Übungen können sofort ausprobiert und problemlos in den Alltag integriert werden, um langfristig Wohlbefinden, Gesundheit und Lebensqualität zu verbessern. Weitere Infos direkt auf das Smartphone bietet ein QR-Code an jeder Station des Wegs der Inspiration. Hinterlegt sind aber nicht nur Informationen, sondern auch Literaturempfehlungen und eine Mediathek mit Video- und Audiodateien zu den einzelnen Themen.

TIPP Auch einen Blick in die Wallfahrtskirche auf dem Kreuzberg werfen!

Die Bewegung in der Natur bringt weitere positive Effekte für das geistige Wohl und trägt zur Entspannung bei, auch für das Immunsystem und den ganzen Körper. Es sind bleibende Erinnerungen an diesen besonderen Pfad, eingebettet in die Natur des Kreuzbergs. Dieser wohltuende Ort soll für einen mentalen Ausgleich im oft stressigen modernen Alltag und dadurch auch für einen wertschätzenderen Umgang mit anderen Menschen sorgen.

Weg der Inspiration, am Kreuzberg, 92421 Schwandorf
www.wellbeing-places.de, www.schwandorf.de
ÖPNV: Bus 41, 6275, Haltestelle Gymnasium

Knopfaugen und langer Hals

42 *Die Straußenfarm Mitterhof*

Lange, lange Beine und ein ebenso langer Hals, herrliche Federn und riesige glänzende Knopfaugen – so präsentiert sich der Strauß. Hier auf der Straußenfarm Mitterhof ist es nicht nur einer, sondern es sind dutzende Strauße. Sie können nicht fliegen, aber kommen laufend auf eine Geschwindigkeit von bis zu 70 km/h. Bis zu 30 Minuten können sie immerhin noch 50 km/h rennen. Die Flügel sind dann wichtig, damit halten sie ihr Gleichgewicht. Und Strauße sind riesig: Die Hähne können bis zu 2,50 Meter groß und bis zu 135 Kilogramm schwer werden. Die Hennen sind mit 1,75 bis 1,90 Meter etwas kleiner und wiegen 90 bis 110 Kilogramm. So sind diese Vögel die größten der Welt! Schon das Ei eines Straußes ist etwa so schwer wie 20 Hühnereier.
Der lange verlassene Mitterhof ist heute eine schmucke Nutztierarche und ein Erlebnishof, malerisch gelegen am Flüsschen Wondreb. Auf dem Hof leben viele besondere Tiere, wie Strauße, rotbunte Husumer Schweine, Wollschweine, Lamas und Alpakas, Miniponys und Ziegen auf ihren idyllischen Weiden. Bei regelmäßig stattfindenden Führungen kommen Besucher den urigen Hofbewohnern ganz nah und erfahren alles über ihre Lebensweise und Aufzucht. Auch die jahrhundertelange Geschichte des Mitterhofs, der einst als Grangienhof zum Kloster Waldsassen gehörte und es versorgte, ist wissenswert und spannend. Dass das zarte Fleisch von Straußen besonders gesund ist, wusste schon Hildegard von Bingen, die sogar von Heilfleisch sprach. Das Fleisch ist kalorien- und fettarm, hat wenig Cholesterin, dafür ist es aber proteinreich und enthält relativ viel Eisen und ungesättigte Fettsäuren. Bei einem Straußendinner kann sich jeder selbst vom feinen Geschmack überzeugen. Auch das Urschweindinner ist eine kulinarische Überraschung. Für besonders Neugierige gibt es ein Kombiangebot. Im Hofladen sind die exklusiven Fleischprodukte direkt erhältlich, im ländlich-rustikalen Hofcafé locken leckere hausgemachte Kuchen und Torten zum Kaffee.

Straußenfarm Mitterhof, Nutztierarche, Erlebnisbauernhof, Gastronomie, Mitterhof 1, 95652 Waldsassen, Tel. (01 60) 7 08 11 35, www.straussenfarm-mitterhof.de

Anfahrt mit dem Auto

Luftig, locker, lustig

43 *Einziges Luftmuseum der Welt*

Luft ist unsichtbar und dennoch lebenswichtig. Etwas ganz Besonderes eben – das zeigt pfiffig und einzigartig das Luftmuseum in Amberg, das erste und bisher weltweit einmalige seiner Art. Schon seit 2009 darf sich die Stadt Luftkunstort nennen. Wo wäre so ein außergewöhnliches Museum besser aufgehoben als in einem historischen Gebäude aus dem 14. Jahrhundert mit dem passenden Hausnamen „Engelsburg"? Es liegt auch noch am schönsten Platz Ambergs und bietet auf drei Stockwerken mit 650 Quadratmetern Ausstellungsfläche einzigartige Schauräume. Das Luftmuseum ist ein unterhaltsamer Ort, es sorgt für viel Spaß und Gelächter. Alles heiße Luft? Auf keinen Fall! Man weiß nie, welche Überraschungen im nächsten Raum stecken und was es noch alles zu entdecken gibt. Wer möchte schon die Herzknutschfleckvakuumpumpe, den Fliegenden Teppich oder die Riech-Bar verpassen? Musikalisch wird es an der Plastiktütenorgel, Action versprechen die sinnliche Luftdusche und der Herbststurm hinter Glas. Das Museum macht Luft wahrnehmbar, man kann sie anschauen, hören, fühlen und begreifen. Erfrischend anders, unkonventionell und voller Humor sorgt das Luftmuseum für Mitmachfreude und Spielmöglichkeiten. Fantasievolle Skulpturen, ungewöhnliche Versuchsanordnungen, zauberhafte Maschinen und optische Illusionen zeigen unglaubliche Fakten über Luft und regen zum Nachdenken an. Es bleibt nicht beim Schauen und Denken, denn jeder Besucher wird schnell zum Entdecker. Mit den eigenen Händen begreifen und experimentell erfahren, wie sich Luft verhält, was sie ausmacht, das ist perfekt – auch für Kinder: Hier werden im wahrsten Sinne des Wortes Luftschlösser gebaut und Papierflieger getunt! Zahlreiche Vorträge, Lesungen, Workshops, Führungen und Konzerte runden das unvergleichliche Angebot ab. Hochkarätige Künstler, Designer oder Architekten aus aller Welt bereichern mit ihren Sonderausstellungen, die alle drei Monate wechseln, die Vielfalt des Museums.

TIPP

Mehr Kunst gefällig? Die Glaskathedrale von Gropius in der Rosenthalstraße 12 besichtigen.

LUFTMUSEUM, Eichenforstgässchen 12, 92224 Luftkunstort Amberg, Tel. (0 96 21) 42 08 83
www.luftmuseum.de

ÖPNV: Bus 404, 405, 410, 454, Haltestelle Kurfürstenbad

Steinpferde und Luchse

44 *Steinwald – der kleinste Naturpark Bayerns*

Klein, aber oho! Diese scherzhafte Redewendung passt perfekt zum Naturpark Steinwald. Er ist der kleinste Naturpark in Bayern, hat aber richtig viel zu bieten: neue Kräfte sammeln, Lebensfreude und Draußen-Zeit genießen. Steinreich ist die Oberpfalz, denn sie ist das Reich der Steine. Der Naturpark Steinwald beherbergt unzählige und vielfältige Naturschönheiten aus Granit, wildromantische Flusstäler, saftige Wiesen, bewaldete Hügel und Burgruinen. Sogar Luchse haben sich wieder hier angesiedelt und Luchsfrau Fee hat die ersten Jungen bekommen! Naturbelassene Wege führen in das Herz des großartigen Steinwaldes, wo man ein wenig versteckt die goldigen „Basaltpferdchen" sichten kann. Mit ein bisschen Fantasie sehen die schrägliegenden Basaltsäulen wie Pferdemähnen aus. Die kleine Felsengruppe ist vor etwa 20 Millionen Jahren aus vulkanischer Lava entstanden. Nur wenige Schritte und Wanderminuten weiter ragt mit der frei zugänglichen Burgruine Weißenstein ein besonders lohnenswertes Ziel stolz aus Myriaden von Bäumen und Felsen. Die Ruine ist das Wahrzeichen des Steinwaldes und wurde als Felsenburg im Einklang mit der Natur auf 858 Meter Höhe errichtet. Trutzig sitzt sie wie angegossen auf dem Bergrücken, als wäre sie schon immer da gewesen. Der perfekte Schutz vor Angreifern, die wahrscheinlich nur aufgrund der schieren Größe beeindruckt waren. Wunderschön anzusehen ist Weißenstein selbst als halb verfallene Ruine noch. Im Steinwald ist die Zeit stehen geblieben, dennoch vergeht sie viel zu schnell. Wunderbare Weitblicke bieten neben der Ruine auch der rund 30 Minuten entfernte Oberpfalzturm auf der 946 Meter hohen Platte, der höchsten Erhebung im Steinwald, und die bekannte Felsformation Saubadfelsen. Treppen und Geländer machen die Besteigung des Saubadfelsens sicher. Vom Gipfel aus ist das weitreichende Blockmeer zu bestaunen, das – einem „Steinernen Gletscher" gleich – talabwärts gleitet.

TIPP Im Wanderlokal Waldhaus einkehren; es hat eine lange Tradition und war schon Filmdrehort.

Naturpark Steinwald

Anfahrt mit dem Auto, Wanderparkplatz Pfaben

Grenzenloser Weitblick

45 *Grenzlandturm in Bad Neualbenreuth*

Wenn man sich nach der alten Heimat sehnt, dann packt man die Koffer und reist für ein paar Tage dorthin, wo man herkommt. Aber was, wenn die Heimat zwar in greifbarer Nähe ist, doch durch einen Eisernern Vorhang hinter einer schier unüberwindlichen Grenze liegt? Man baut einen Turm direkt in Grenznähe bei Bad Neualbenreuth und nennt ihn Grenzlandturm, ein Symbol für Freiheit und Heimattreue. Nun kann man das Heimweh zumindest ein bisschen lindern und die Sehnsucht stillen, indem man die 82 Stufen zur Aussichtskanzel hochsteigt und den Blick über das geliebte Land schweifen lässt. Und der Ausblick aus 19 Metern Höhe ist beeindruckend – er geht bis ins böhmische Egerland, ins Stiftland bei Waldsassen und zum Fichtelgebirge Richtung Franken! Wer sich für die Egerländer Kultur und Geschichte interessiert, findet unten in Bad Neualbenreuth die Grenzlandheimatstube, die viele Erinnerungsstücke und Alltagsgegenstände von damals zeigt.

Vor rund 40 Jahren wurde der Grenzlandturm von Mitgliedern der Sudetendeutschen Landsmannschaft und vom Oberpfälzer Waldverein gebaut. Gerade erst wurde der Turm aus einer Holzkonstruktion mit Kupferverkleidung renoviert, ebenso wie der Vorplatz und der weitläufige Biergarten, der zum gemütlichen Turmstüberl gehört. Wen der Aufstieg hungrig gemacht hat, der kann im Stüberl beim rührigen und weitgereisten Wirt Emil Ristl einkehren. Wenn man Glück hat, erzählt er Geschichten aus seinem spannenden Leben und bereichert so die Einkehr auf humorvolle und kurzweilige Weise. Selbst gebackene leckere Kuchen und Torten mit Kaffeespezialitäten stehen ebenso auf der Speisekarte, wie Würstchen, Zoigl, andere Biere und Alkoholfreies. Für die Kinder gibt es einen Spielplatz und viel Raum zum Toben. Selbst vom Spielplatz aus ist der Blick über die weite Landschaft berauschend. Wanderwege kreuzen hier oben einige, unter anderem der Nurtschweg. Richtung Grenze liegt auch der Vermessungsstein „Mittelpunkt Europas".

TIPP Nach dem Wandern im Sibyllenbad, einem staatlich anerkannten Heilquellenkurbetrieb, entspannen.

Grenzlandturm, Turmstraße 50, 95698 Bad Neualbenreuth
www.neualbenreuth.de

Anfahrt mit dem Auto, Parkmöglichkeiten direkt am Turm

Wunderschön einsam

46 *Das vergangene Leben auf der Bügellohe*

Heute suchen viele Menschen immer wieder nach Ruhe und Abgeschiedenheit, nach Einsamkeit und menschenleeren Gegenden. Ein solcher Ort ist die Bügellohe, direkt an der bayerisch-böhmischen Grenze nahe Stadlern. Seit 1969 komplett verlassen, lag die kleine Siedlung schon immer abseits der Zivilisation. Auch heute ist die Bügellohe nur zu Fuß erreichbar – das, was jetzt spannend und abenteuerlich ist, war damals ein großer Nachteil. Die Lebensbedingungen ohne Strom, fließendes Wasser und Verkehrsanbindung waren unerträglich hart, vor allem in den schneereichen, langen Wintern. Deshalb verließen immer mehr der Bewohner die Siedlung Bügellohe bald wieder und das Dorf verfiel. Heute steht nur noch das Fleischhackerhaus, seit Herbst 2011 Dokumentationszentrum über die Entstehung und den Alltag in der Bügellohe.
Aber wie kam es dazu, dass Menschen in so einer unwirtlichen Gegend ein einsames Dorf errichteten? Nach dem Zweiten Weltkrieg mussten die Sudetendeutschen, die im nahen böhmischen Wenzelsdorf gewohnt hatten, ihre Heimat verlassen. Einige hatten in der Bügellohe in der Oberpfalz Grundstücke und so zogen die elf Familien dorthin. Zuerst bauten sie nur Baracken, weil sie hofften, bald zurückkehren zu können. Diese Träume wurden zerstört, als Wenzelsdorf dem Erdboden gleichgemacht wurde. Es gab auch kaum Einkommensquellen, denn die Erträge auf den Feldern waren karg. Ein paar Mark konnten die Bewohner beim Klöppeln, Besenbinden, Korbflechten oder Schindelmachen verdienen. Der lange Fußweg ins 3 Kilometer entfernte Stadlern war jedoch beschwerlich. Inzwischen hat sich die Natur das Dorf zurückerobert, von den Häusern ist fast nichts mehr zu sehen. Eine ausgedehnte, sumpfige Feuchtwiese ist das Quellgebiet einiger Bäche und Flüsse und zeigt eine wildromantische Idylle, die das harte Leben von damals vergessen lässt. Einen tollen Ausblick, auch ins Nachbarland, bietet der Böhmerwaldturm, der unterwegs am Wanderweg liegt.

TIPP Die geführte Wanderung mit historischen Szenen macht die Geschichte des Dorfes wieder lebendig.

Bügellohe, bei Stadlern,
Anfahrt mit dem Auto, parken am Wanderparkplatz an der St 2159, 92539 Schönsee, oder Wanderparkplatz in Stadlern

Laune der Natur

47 *Kraftort Steinerne Rinne bei Erasbach*

Schön versteckt im Wald liegt etwas ganz Besonderes. Ein Wunder der Natur, eine Laune der Natur. Daher heißt es, ganz vorsichtig sein, auf keinen Fall etwas berühren oder betreten – so ein Wunderwerk darf man nur ehrfürchtig bestaunen und für die nächsten Entdecker bewahren. Ein Schatz, eine Quelle der Freude, ein Ort des Staunens, der Pause. Einfach mal innehalten, den Zauber genießen, die Bilder in sich aufnehmen. Die Steinerne Rinne bei Erasbach wird von vielen als Kraftort beschrieben. Man muss ein bisschen suchen, um hierherzufinden, aber es lohnt sich. Sobald man die kleine Straße hinter sich gelassen hat und in den Wald eingetaucht ist, spürt man den Frieden der Natur. Zwischen den dicht wachsenden Bäumen ist es dämmrig, die Luft riecht herrlich nach Wald, automatisch atmet man tiefer ein und langsamer aus. Die wohltuende Atmosphäre im Walddunkel sorgt für Leichtigkeit und ein stilles Glück. Das schmale Weglein schlängelt sich bergan zwischen den Bäumen hindurch. Moose glänzen in frischen Grüntönen. Pilze, manche leuchtend rot, andere zurückhaltend in Braun und Beige säumen den Pfad. Plötzlich wird es heller, der dichte Wald lichtet sich. Nur noch wenige herrliche alte und knorrige Bäume stehen am abschüssigen Hang. Ihre Wurzeln sind kleine Kunstwerke der Natur. Ein weiteres Wunder ist die schmale grün-weiße Mauer, die schon vom Rande der Lichtung zu sehen ist. Je näher man kommt, desto mehr Details offenbaren sich. Die Steinerne Rinne ist mal breiter, mal schmaler und windet sich zwischen den Baumriesen hindurch. Der weiße Kalk ist von Moos bedeckt, auch bunte Blätter liegen im Wasser, das ins Tal rinnt. Und mit jedem Tropfen wächst auch ganz langsam die Steinerne Rinne, wie die Formation einer Tropfsteinhöhle. Es ist das gleiche Prinzip: Durch den Kontakt des kalkreichen Wassers mit Sauerstoff bildet sich der Kalktuff, der im Laufe der Jahre dann diesen beeindruckenden Damm schafft. Aber nicht vergessen – nichts anfassen, denn das Fett auf der Haut zerstört das Wunderwerk!

TIPP
Bitte nicht anfassen oder zerstören! Feste Schuhe sind nötig.

Kraftort Steinerne Rinne, bei Erasbach
Anfahrt mit dem Auto, parken am Friedhof, Am Rain 4, 92334 Berching

In der Drachenhöhle

48 *Volksschauspiel in Furth im Wald*

Der riesige Drache öffnet die gelben Augen, blinzelt, schnaubt, raucht aus den Nasenlöchern und stößt einen gewaltigen Feuerball aus. Wer sich vorher in die Drachenhöhle geschlichen hat, erschrickt jetzt gewaltig. Das Ungeheuer mit dem grünen, schuppigen Plattenpanzer ist gigantisch groß und macht mächtig Eindruck: 4,5 Meter hoch, 15,5 Meter lang und 3,8 Meter breit und das bei 11 Tonnen Gewicht! Wenn der Further Drache „Tradinno" die Flügel ausbreitet, hat er eine Spannweite von sagenhaften 12 Metern. Eine weltweite Sensation! Daher ist das Untier als größter Vier-Bein-Schreitroboter der Welt – voll mit modernster Elektronik und verblüffenden Spezialeffekten – auch im Guinnessbuch der Rekorde eingetragen. Ein 140-PS-starker Motor ist sozusagen das Herz des Drachen, den eine fünfköpfige Mannschaft zum Leben erweckt. Wer den Drachen mit eigenen Augen sehen möchte, kann ihn von April bis Oktober in seiner Drachenhöhle auf dem Festplatz in Furth im Wald besuchen. Bei den Führungen „Bewegter Drache" erlebt man den Feuer speienden „Tradinno" live. Magische und fantastische Augenblicke, die niemand vergisst. Oder man besucht eine der zwölf Festspielaufführungen, den legendären „Further Drachenstich". 350 Laiendarsteller sind aktiv im Einsatz. In der Arena am Stadtplatz startet dann das älteste Volksschauspiel Deutschlands. Der „Drachenstich" erzählt vor dem historischen Hintergrund der Hussitenkriege eine uralte Legende von einem Drachen und dem Kampf des Guten gegen das Böse. Ein Drache, vom Beschützer der Menschen zu ihrem größten Feind geworden, war tief unter die Erde verbannt worden. Das Blut eines gewaltigen Krieges aber könnte ihn wieder zum Leben erwecken … Und genau so ein Krieg stand im Sommer 1431 bevor! So beginnt die dramatische, mitreißende Zeitreise ins finstere Mittelalter. An den Festtagen rund um den „Drachenstich" erleben die Gäste neben dem Volksschauspiel einen großen historischen Festzug, ein Kinderfest und mittelalterliches Lagerleben mit Markt und bayerischem Volksfest.

TIPP

Am nahe gelegenen Drachensee abkühlen und den Rundwanderweg über die begehbare Inselkette gehen.

Drachenhöhle, Eschelkamer Straße 10 a, 93437 Furth im Wald, Tel. (0 99 73) 5 00 93 29
www.further-drache.de, www.drachenstich.de
Anfahrt mit dem Auto

Universum an Kuriositäten

49 *Drachenschmiede und Erlebniswelt Flederwisch*

Lust auf ein Abenteuer der besonderen Art, eine einzigartige Reise durch Zeit und Raum? Dann ist ein Ausflug in die Drachenschmiede und Erlebniswelt Flederwisch genau richtig! Mit viel Liebe zum Detail, Erfindergeist und Herzblut ist das Gelände zu einem kleinen Universum an Kuriositäten geworden. Ein Steampunk-Paradies – perfekt für Technikbegeisterte, Liebhaber von Skurrilem, Geschichte und Geschichten, für Fantasten, Kinder und Junggebliebene. Das um 1900 errichtete Industriegebäude bietet die ideale Kulisse für die Erlebnis-Werkstatt. Das Bauwerk ist im ursprünglichen Zustand erhalten und zeigt die Anfänge der Industrialisierung – ein wahres Schmuckstück! Dazu passend steht hier auch Bayerns größte Dampfmaschine: Sie ist 55 Tonnen schwer und ihr Schwungrad hat einen Durchmesser von gewaltigen 3 Metern! 1912 gebaut, zeigt die Dampfmaschine die Kunstfertigkeit der frühen Ingenieure, damals war sie ein Wunderwerk der Technik. Wenn sie raucht, faucht und so richtig in Schwung kommt, dann ist jeder tief beeindruckt.

Der geheimnisvolle Garten des Drachens mit dem Entdeckungspfad der Technik zieht Abenteuerlustige schnell in seinen Bann. Längst vergessene Maschinen und mysteriöse Gerätschaften wollen ausprobiert, erforscht und bestaunt werden. Eine riesige, handgenietete Stahlbrücke verbindet Teile der Anlage miteinander – getreu dem Motto „Luftschiffhafen und Gärten der Lüfte". Der Humor kommt in der Erlebniswelt Flederwisch nie zu kurz. Viel zu lachen hat man auch bei den unterhaltsamen Führungen. Freunde des Außergewöhnlichen werden an jeder Ecke fündig, überall gibt es etwas zu stöbern und zu entdecken. Sogar Musikvideos wurden hier schon gedreht. Sein Glück versuchen kann man im Goldgräbercamp oder beim Edelsteinschürfen. Im Kunst- und Handwerkerstadl gibt es Vorführungen und die Gäste können testen, ob es ihnen gelingt, Papier zu schöpfen oder mit der Armbrust zu schießen. Andenken an diesen exotischen, unvergesslichen Ort gibt es im Drachen- und Ritterladen.

Drachenschmiede und Erlebniswelt Flederwisch, Am Lagerplatz 5, 93437 Furth im Wald, Tel. (0 99 73) 12 29, www.flederwisch.de

ÖPNV: Bus 450, 589, 590, 650, RE, Haltestelle Bahnhof Furth im Wald

Mittelalter zum Greifen nah

50 *Geschichtspark Bärnau-Tachov*

Wie wohnten die Menschen in der Oberpfalz vor mehr als 1000 Jahren? Was haben sie gegessen, wie schliefen sie, wie war ihr Alltag? Was haben sie gearbeitet und wie haben sie sich gekleidet? Antworten findet man im authentischen und lebendigen Geschichtspark Bärnau-Tachov. Geschichte ist langweilig? Die unvergessliche Zeitreise ins mittelalterliche Leben des 9. bis 13. Jahrhunderts beweist das Gegenteil. Zahlreiche Aktionstage und Veranstaltungen sorgen für wunderbare Erlebnisse. Ein Zeitsprung in die Vergangenheit, die mächtige Turmhügelburg mit den Wohn- und Nebengebäuden ist einfach beeindruckend. Inzwischen sind es rund 30 Gebäude aus dem Mittelalter, die originalgetreu rekonstruiert wurden. Wenn das Feuer in der Schmiede raucht und das Metall glüht, glänzen die Augen der Besucher, genau wie beim Anblick der Schänke im Fachwerkgebäude. An der Goldenen Straße von Nürnberg nach Prag lag Bärnau auf halber Strecke und markierte den letzten Halt vor der Grenze zu Böhmen. Ein spannender geschichtsträchtiger Ort – damals wie heute. In diesem ganz besonderen archäologischen Freilandmuseum streifen nicht nur Besucher durch das frühmittelalterliche slawische Dorf oder die frühstädtische Siedlung – auch zahlreiche ehrenamtliche Darsteller in authentischen Gewändern sind bei Veranstaltungen vor Ort und gehen ihren Aufgaben nach. Sie bauen Häuser, färben und verarbeiten Wolle, kochen über dem offenen Feuer, üben Militärmanöver und Bogenschießen, trocknen Kräuter oder bereiten sich auf Feste vor. Besonders spannend ist die Schaubaustelle aus dem 14. Jahrhundert. Dort errichten Handwerker wochentags mit mittelalterlichen Techniken eine Reisestation von Kaiser Karl IV. – heute eine der größten nachempfundenen Mittelalterbaustellen Europas! Das Kalkbrennen oder Eisenerzverhütten ist gewaltig anzusehen.

TIPP Kuriositäten über den Alltagsgegenstand Knopf im Deutschen Knopfmuseum entdecken.

Knallbunte, pflanzengefärbte Wolle, feine Tücher, handgefertigte Keramik, filigrane Schmiedearbeiten und historischer Schmuck aus dem Museumshop sind eine wunderbare Erinnerung oder tolle Mitbringsel.

Geschichtspark Bärnau-Tachov, Naaber Straße 5 b, 95671 Bärnau, Tel. (0 96 35) 9 24 99 75
www.geschichtspark.de
Anfahrt mit dem Auto

Himmlische Hölle

51 *Rundweg Hölle im Naturschutzgebiet*

Einmal einen Blick in die Hölle werfen? Das klingt gruselig und gar nicht nach Glücksmomenten! Wer sich aber in die wildromantische Hölle bei Rettenbach wagt, wird staunen. Laut plätschernd fließt der Höllbach mit zahlreichen Armen wie ein wilder Gebirgsbach durch die Felsenlandschaft. Unter und über die mächtigen Granitblöcke strömen Wasserfälle und Kaskaden – auch im Hochsommer ist es hier erfrischend kühl. Unzählige Linden bilden einen widerstandsfähigen Wald, der Eis und Hochwasser trotzt. In diesem feuchten, schattigen Klima gedeihen seltene Moose und Flechten. Beim Spaziergang bitte aufpassen, denn die vielen Moose und Flechten auf den Steinen sind nicht nur rutschig, sondern auch trittempfindlich. Daher ist das Verlassen des Rundweges Nr. 149 beziehungsweise RB 03 verboten, denn unter dem Gewicht eines Menschen würden sie kaputtgehen.

Insgesamt gilt es, leise und vorsichtig zu sein, um dieses fast unberührte Paradies zu erhalten. Auch seltene Tiere wie Wasseramsel und Ringelnatter haben den optimalen Lebensraum hier gefunden. Wer besonders aufmerksam durch das zauberhafte Naturschutzgebiet pirscht, hat vielleicht sogar das große Glück, einen Eisvogel zu sehen – eine Art, die leider gefährdet ist. Das Tal wird weitgehend in seinem natürlichen Zustand erhalten, daher werden absterbende Bäume und Totholz nicht entfernt. Wanderer sind im wahrsten Sinne des Wortes über Stock und Stein unterwegs, feste Schuhe sind also wichtig. Trotzdem ist die leichte Wanderung mit etwa 75 Minuten Laufdauer für Kinder geeignet. Der Abenteuerspielplatz Natur macht neugierig. Spannend wird es immer wieder, wenn der Weg den Bach mithilfe von Holzbrücken quert oder Bäume mitten auf dem Pfad liegen. Alle, die noch mehr Ausdauer und Wanderlust haben, können sich auf zur nahe gelegenen Ruine Brennberg machen. Vom frei zugänglichen Turm aus ist die Fernsicht überwältigend. Weitere Infos gibt die Tafel mit Wanderkarte zwischen Parkplatz 1 und dem etwas oberhalb gelegenen Parkplatz 2.

TIPP

Eine nette Brotzeit einpacken und das Idyll bei einem leckeren Picknick genießen.

Rundweg Hölle

Anfahrt mit dem Auto, Parkplatz Höllbach bei Rettenbach-Postfelden

Der Stein der Liebe

52 *Pleysteiner Kreuzberg aus Rosenquarz*

Man nennt ihn Stein der Liebe, er sorgt für Romantik, Fruchtbarkeit und Sensibilität und wirkt beruhigend auf das Gemüt. Glaubt man den Legenden, so soll es Eros selbst, der griechische Gott der Liebe, gewesen sein, der den rosa schimmernden Rosenquarz zur Erde gebracht hat, um den Menschen die Liebe zu schenken. Der dekorative Edelstein ist nicht nur für herrlichen Schmuck geeignet, sondern kann auch als Heilstein eingesetzt werden. Gerade bei Kopfschmerzen soll er helfen, aber ihm werden auch vielfältige andere Effekte zugeschrieben: Er soll eine durchblutungsfördernde und straffende Wirkung haben, außerdem gilt das zarte Mineral als stresslindernd und heilungsfördernd. Auch kann der Rosenquarz, so sagen Esoteriker, schädliche Strahlungen, wie beispielsweise von Wasseradern oder Elektrosmog, absorbieren. Seelische Wunden heilt er auch, vor allem Liebeskummer.
Rund eine Million Tonnen des Steins stehen als geschütztes Naturdenkmal mitten im Zentrum des schmucken Städtchens Pleystein: Ein ganzer Berg aus Rosenquarz! Pleystein ist eine der kleinsten Städte der Oberpfalz, aber dafür ist sie alt – die Stadtrechte besitzt die „Perle des Oberpfälzer Waldes" schon seit 1331. Der 38 Meter hohe Rosenquarzfelsen mit Aussichtspunkt und Kreuzbergkirche ist das Herz der Stadt. Die Verwitterung hat den harten Quarz über Jahrmillionen aus dem ursprünglich umgebenden Gestein hervorgebracht, quasi herauspräpariert. Heute ist der Kreuzberg, auch „Glanzberg" genannt, eines der 100 schönsten Geotope Bayerns und jährlich Ziel tausender Wallfahrer und Touristen. Kein Wunder, ist der Rosenquarzfels doch ein besonderes Juwel – auch wenn man nicht an seine Heilkraft glaubt, ist der Anblick wahrhaft brillant: Das zarte Schimmern in verschiedenen Rosatönen fasziniert jeden. Noch mehr besondere Steine zeigt der PleySteinpfad im Ortsteil G'steinach: Findlinge aus Gneis, Biotit, Kalksilikat sowie verschiedene Granitsorten aus der Gegend. Besonderes Highlight ist der blaue Granit.

TIPP Noch mehr Hintergrundwissen gibt es in der Mineraliensammlung im Stadtmuseum.

Kreuzberg, Pleystein
ÖPNV: Bus 2507, 2508, 6291, Haltestelle Marktplatz

Das Schragerl nascht

53 *Naturerlebnis und Lehrpfad Lust*

Es ist wie verhext! Ein wunderschöner Tag mit strahlendem Sonnenschein, die Vögel zwitschern in den Baumkronen, die sich leicht im Wind wiegen und mit den Blättern rascheln. Die herrliche Ruhe im Wald tut gut und das Picknick ist nach der Wanderung wohlverdient. Aber wo ist denn jetzt die Schokolade hin? Gerade war sie doch noch auf der Bank, direkt neben dem Rucksack. Und die Kekse? Sind die noch in der Tasche? Nein, sie lagen doch auch da und warteten darauf, zum Kaffee aus der Thermoskanne vernascht zu werden. Seltsam! Keiner will es gewesen sein, aber die Leckereien sind weg. Und dann kichert es im Busch und ein roter Schopf verschwindet ganz schnell im dichten Grün. Hey, war das nicht … das war doch ein Schragerl! Den zahlreichen Sagen nach, die hier im Grenzgebiet erzählt werden, bringen die Waidhauser Schragerl kleinen und großen Menschen Glück und Wohlstand – wie schön, dass sie zu Besuch gekommen sind! Diese kleinen Kobolde leben rund um das Naturwaldreservat des Sulzberges. Sie sind liebenswürdig und helfen in Notlagen, aber sie sind auch recht frech und erfreuen sich an so manchem Schabernack. Süßes ist selten vor den Schragerln sicher und auch auf Spielzeug sollte man aufpassen, denn sie verstecken es gerne. Sie sollen unvorstellbare Schätze aus Gold, Silber und Edelsteinen bewachen. Es wird gemunkelt, wer besonders großes Glück hat, dem zeigen sie ihren glänzenden Reichtum und beschenken ihn damit.

TIPP Die Freizeitanlage Bäckeröd lockt mit beheiztem Erlebnisbad, Biergarten, Abenteuerspielplatz und Kiosk.

Alle anderen wandern nach dem Picknick weiter über einen der letzten natürlichen Hohlwege. Der Naturerlebnis und Lehrpfad Lust ist ebenfalls ein Schatz – ein Kleinod der Natur. Der alte Hohlweg wird im Volksmund „Lust“ genannt. Durch den Lehrpfad ist es jetzt die Lust an der Bewegung, am Entdecken, am Spielen und Staunen über die Vielfalt der Natur: Einfach mal das Holzxylophon, den Schalltrichter oder den Zauberspiegel ausprobieren.

Naturerlebnis und Lehrpfad Lust, Frankenreuther Straße 15, 92726 Waidhaus
www.waidhaus.de

Anfahrt mit dem Auto, Startpunkt der Wanderung: Freizeitanlage Bäckeröd

Wolkig weiche Wesen

54 *Alpaka Land Zitzelsberger in Hörmannsdorf*

Wunderschön wolkig-wollige Wesen, flauschige Gesellen mit wilder Frisur, dunkel schimmernde Kulleraugen unter langen Wimpern, lange Beine und schiefe Zähne – bei diesem Anblick muss man sich einfach verlieben! Die Huacaya-Alpakadamen Sissi, Dana, LuLu, Panja und Icebreaker wohnen gemeinsam mit ihren Kleinen im Alpaka Land Zitzelsberger. Filou ist schon ein bisschen älter, während Lady Ava, Sir Lancelot und Sir Merlin noch jung sind. Sie alle sind auf dem Hof geboren. Bezaubernd ist die ganze Herde. Und neugierig – wer den Hof in Hörmannsdorf betritt, wird gründlich gemustert und genau beobachtet. Die Gäste kommen zur Familie Zitzelsberger, um mit den Tieren in den verschiedenen Fellfarben – von Weiß über Beige und rötlichem Braun bis hin zu dunklem Schokobraun – spazieren zu gehen. Rund 2 Stunden geht es dann in einer gemütlichen Wanderung mit den flauschigen Begleitern durch die Natur. Natürlich sind erfahrene Alpakaführer dabei, um zu unterstützen.

Perfekt an das Leben im extremen Klima der Anden angepasst, wo die Tiere ursprünglich herkommen, haben Alpakas ein herrlich weiches langes Fell gegen die Kälte – auch Vlies der Götter genannt. Im Vergleich zu Schafwolle ist es wärmer, feiner und hat auch weniger Wollfett. Deswegen wurden und werden Alpakas vorwiegend wegen ihrer Wolle gezüchtet. Im Hofladen des Alpaka Lands gibt es die Wolle auch zu kaufen. Sie wärmt wunderbar. Wer nicht selbst handarbeiten mag, findet im Laden auch Socken, Mützen, Handschuhe oder Schals und viele weitere Produkte aus der Wolle der auf dem Hof lebenden Alpakas. Viele der Produkte werden auch auf Weihnachtsmärkten oder bei anderen Veranstaltungen in der Umgebung angeboten. Sogar bei einer Hochzeit waren die beiden weißen Alpakas Icebreaker und Filou schon einmal und haben für das völlig entzückte Brautpaar Spalier gestanden.

Alpaka Land Zitzelsberger, Hauptstraße 42, 92331 Parsberg-Hörmannsdorf, Tel. (01 73) 5 31 12 90
www.alpaka-land-zitzelsberger.de
Anfahrt mit dem Auto

Herb und doch so schön

55 *Vulkankegel Rauher Kulm*

Bei Vulkanen denkt man an Hawaii, Japan, La Réunion oder Italien. Dabei ist gerade die Oberpfalz gesäumt von den Hinterlassenschaften einer ehemals mit Feuerbergen bedeckten Region. Basaltkegel, Gestein und Geröllhalden zeugen genauso wie Überreste früherer Vulkane von der wilden Vergangenheit. Ein beeindruckendes Relikt ist der Vulkankegel Rauher Kulm, schon seit Jahrtausenden Landmarke in der nördlichen Oberpfalz. Der Rauhe Kulm ist einer der imposantesten Basaltberge Bayerns und ist deswegen auch schon seit 1949 als Naturdenkmal geschützt. Heute ist er Bestandteil des Naturparks Nördlicher Oberpfälzer Wald. Archäologische Ausgrabungen zeigen, dass die Menschen sich schon immer von diesem nicht ausgebrochenen Vulkan angezogen fühlten. Der 682,5 Meter hohe Berg soll rund 25 Millionen Jahre alt sein. Ein Besuch ist also wie eine Zeitreise ins uralte Land der Feuerberge.
Vom Parkplatz am Info- und Besucherzentrum geht es bergauf, aber gemächlich durch den herrlichen Wald. Der Weg ist kurvig, hinter jeder Biegung gibt es Neues zu entdecken. Kleine Wichtelgesichter mit Hut sorgen für gute Laune und ein Lächeln. War der mächtige Vulkankegel schon von Weitem gut zu sehen, ist er jetzt von Bäumen komplett verdeckt. Wanderungen rund um die gewaltige Formation bieten imposante Ein-, aber auch Ausblicke. Vom 25 Meter hohen Aussichtsturm auf der Spitze des Rauhen Kulm zeigen sich das Fichtelgebirge, die Fränkische Alb und nördliche Oberpfalz. Der Weg dorthin fasziniert mit Basaltsäulen, Blockhalden und besonderen, teils seltenen Pflanzen und Tieren. Warum kann man den Basalt sehen, der ja erstarrtes Magma, also Lavagestein, ist, das sich ursprünglich im Inneren des Vulkans befand, der nie ausgebrochen ist? Es sind die Kräfte der Natur, die das ursprünglich flüssige Magma nun sichtbar machen. Wind und Wetter haben am Fels genagt und so im Laufe der Zeit durch Erosion den einst verborgenen Kern freigelegt. Faszinierend, so ein Blick ins Innere, das nun das Äußere ist!

TIPP
Das Museum unten in der Stadt zeigt die Funde aus den archäologischen Grabungen.

Vulkankegel Rauher Kulm, bei Neustadt am Kulm
Anfahrt mit dem Auto

Tief. Urwüchsig. Bayerisch.

56 *Schraml – Die Steinwald-Brennerei*

Auf dem von Gebäuden umrahmten gepflasterten Hof geht es rund. Traktoren mit Anhängern voller Obst kommen, entladen und verlassen das Anwesen wieder durch das metallene Tor. Körbe mit Birnen und Äpfeln leuchten in der Herbstsonne, es duftet nach den reifen Früchten. Menschen eilen geschäftig hin und her, schleppen die schweren Obstkörbe nach drinnen in die Hallen. Dort wird aus dem Obst flüssiger Spaß, Obstbrand, hier auch Obstler genannt. Und da ist für jeden Geschmack etwas dabei: Williamsbirne, Sauerkirsche, Waldhimbeer, Waldfrucht, aber auch Haselnuss, Landkümmel und das golden leuchtende „Hüttenfeuer", das aus Gewürzen, Schlehe und Rum besteht. Nicht zu vergessen der „Wurzelstolperer", ein herrlicher dunkelrot schimmernder Likör aus Wurzeln, Kräutern und Beeren. Hmmm, allein schon die Vorstellung … Der „Kaiser Hill 16 Bavarian Dry Gin" und „Stonewood The Bavarian Whisky" ergänzen die erlesene Auswahl. Drinnen im urig-gemütlichen Verkaufsraum darf probiert werden. Aber Vorsicht! Die Köstlichkeiten sind so lecker, dass man sofort die Einkaufstasche vollmachen möchte. Man merkt gleich, das Brennen ist für die Familie Schraml eine Leidenschaft! Alles passt zusammen: das wunderbare Gemäuer der Alten Propstei Erbendorf, früher Kloster und Pfarrhof, die edlen Flüssigkeiten in den schönen Flaschen mit den perfekt passenden Etiketten, das Ambiente und die Freundlichkeit, mit der Gäste willkommen geheißen werden. Nur wenige Jahre nach der Gründung der Kornbrennerei 1818 verarbeitete Johann Baptist Schraml seine eigenen Äpfel und Birnen zu Obstler. Er experimentierte mit weiteren Sorten und erfand so die ersten Rezepturen für die Likörherstellung aus Kräutern und Beeren – bis heute ein wahrer Genuss! Und weil die Alte Propstei am Rande des Steinwalds liegt, haben diese ganz besonderen Spezialitäten heute alle „Steinwald" im Namen. Und sie sind wie das namensgebende Mittelgebirge: Tief. Urwüchsig. Bayerisch.

TIPP Wer mag, kann eine geführte Besichtigung in der Brennerei machen.

Schraml – Die Steinwald-Brennerei, Pfarrgasse 22, 92681 Erbendorf, Tel. (0 96 82) 18 36 90
www.brennerei-schraml.de

ÖPNV: Bus 6277, 6284, Haltestelle Nord Bahnhof, Bus 2712, 6277, 6284, Haltestelle – Kriegerdenkmal Erbenhof

Sagenhaft schön

57 *Rundwanderweg Naturschutzgebiet Doost*

„Teufelsbutterfass“ – das klingt gruselig und lädt nicht unbedingt zu einem Besuch ein, oder? Der Name ist wirklich ein bisschen schaurig und auch die dazugehörige Sage, nach der der Teufel hier seine Butter gemacht haben soll. Das Naturschutzgebiet Doost aber ist wunderschön und einfach urig. Mitten im Wald, völlig abgelegen und ruhig – hier mag man ganz bei sich sein, hier kann man aufatmen. Schon die Anfahrt dorthin ist abenteuerlich, macht aber Spaß. Vorbei an kleinen Dörfern geht es, die Straßen werden immer enger, bis man sich auf einem unbefestigten Feldweg wiederfindet. Ein Blick aufs Navi verrät, es ist der richtige Weg. Am Parkplatz unterhalb des Campingplatzes angekommen, genießt man sofort die Stille im Wald und den Blick auf den verwunschenen Gollwitzerweiher, an dem Enten herumwatscheln und das Schilf sich leicht im Wind wiegt.

Der Wanderweg führt direkt in den dichten Wald, der einen willkommen heißt. Es ist kühl und schattig, die Sonne leuchtet zwischen den Baumwipfeln immer wieder auf den weichen, federnden Waldboden. Es riecht nach Harz und Wald, würzig und heimatlich. Bergauf geht es und dann am Hang entlang, immer unter uralten Bäumen, die sicherlich einiges zu berichten hätten, könnten sie sprechen. Und dann hört man es, das Wasser der Girnitz. Ein leichtes Murmeln aus der Ferne, das die Wanderer lockt wie der Teufel die Seelen. Über den steilen Abhang hinab geht es zum Bach, der brodelnd um die bemoosten Steine tost. Daher vermutlich auch der Name Doost von Tosen. Die bizarr geformten Granitblöcke sehen wirklich aus, wie von einem Riesen hingeworfen und regen die Fantasie an. Wenn man den alten Erzählungen glaubt, hauste hier einst einer dieser Kolosse und auch der Teufel soll vorbeigekommen sein. Unzählige Sagen ranken sich um dieses mystisch-verwunschene Tal. Kleine Tafeln mit Gedichten oder Infos an den Steinen erzählen stimmungsvoll davon. Oder man glaubt der Wissenschaft, dass dieses Felsenmeer aus den mächtigen, abgerundeten Granitblöcken durch Erosionsprozesse entstanden ist.

Rundwanderweg Naturschutzgebiet Doost

Anfahrt mit dem Auto, Parkplatz hinter dem Campingplatz Gollwitzerhof

Wo die Helden ruhen

58 *Walhalla in Donaustauf*

In Walhalla ruhen nach der nordischen Mythologie die in Schlachten gefallenen tapferen Kämpfer. So martialisch ist die Walhalla bei Donaustauf zum Glück nicht. Natürlich ist der Name an die Sage angelehnt, hier aber werden Persönlichkeiten „teutscher Zunge“ geehrt. Sehr feierlich! Tatsächlich ergreift einen ein Schauer, eine gewisse Ehrfurcht, wenn man in der großen Halle aus Kelheimer Kalkstein steht. Für einen Moment kann man sich im antiken Griechenland oder alten Rom wähnen, sieht der klassizistische Bau, den der bayerische König Ludwig I. in Auftrag gab, doch aus wie ein Tempel. Ein Sehnsuchtsort! Schon von außen beeindruckt das monumentale Gebäude mit seinen riesigen Säulen durch seine Größe und Ästhetik. So zeigt die Nordseite eine wunderbar plastische Szenerie der Schlacht im Teutoburger Wald, in der die Germanen mit ihrem Anführer Arminius gegen die Römer kämpften. Vielen gilt Arminius, ein Fürst der Cherusker und oft auch Hermann genannt, ja als erster Deutscher. Seine Büste ist in der Walhalla ebenfalls zu bewundern. Innen geht es genauso opulent weiter: Ein komplett umlaufender Innenfries mit Bebilderung, Marmorsessel, in Metall gefasste Inschriften im gefliesten Boden und zahlreiche Büsten bedeutender deutscher Persönlichkeiten. Eine ganz besondere Atmosphäre liegt über diesen Räumlichkeiten. Man kann die Verehrung der hier Dargestellten förmlich spüren. Auf leisen Sohlen tappen die Besucher andächtig durch die mächtige Halle, unterhalten sich nur flüsternd. Selbst wieder draußen bleibt der Eindruck und man spürt dem Erlebten nach. Auch das Plateau, auf dem die Walhalla steht, beeindruckt. Von hier aus hat man einen unfassbar weiten Blick, der über das Regensburger Donautal bis nach Straubing reicht. Mit etwas Glück und bei klarem Wetter sind die Berge des Bayerischen Waldes und manchmal sogar die Spitzen der Berchtesgadener Alpen zu sehen. Immer sieht man die Ufer der wunderschönen Donau, zweitgrößter und zweitlängster Fluss Europas.

TIPP Die UNESCO-Welterbestadt Regensburg ist in nur wenigen Minuten mit dem Schiff oder Auto erreichbar.

Walhalla, Walhallastraße 48, 93093 Donaufstauf, Tel. (0 94 03) 96 16 80
www.schloesser.bayern.de

ÖPNV: Bus 5, 5A, 36/37, 63 Haltestelle Walhallastraße, dann 20 Minuten Fußweg, inklusive der 358 Stufen, Linienfahrt Walhalla Schifffahrt, Schiffsanlegestelle Walhalla (schifffahrtklinger.de)

Eine der Schönsten

59 *König-Otto-Tropfsteinhöhle in Velburg*

Das dämmrige Licht wirft lange tanzende Schatten. Das mit Wasser gefüllte Sinterbecken in der Schatzkammer funkelt verheißungsvoll, jeder Schritt verursacht ein leises Echo. Beeindruckende Stalagmiten wachsen aus dem Boden empor, ebenso imposante Stalagtiten hängen von der Decke, einige sind auch zu Stalagnaten zusammengewachsen. Manche Steinformationen sehen aus wie versteinerte Sagengestalten oder Märchenfiguren. Sogar Schloss Neuschwanstein kann man sehen! Und den Schädel eines Höhlenbären, der während der Ausbauarbeiten in der Höhle gefunden wurde. Die Adventhalle – im Dezember 1972 entdeckt – ist die Hauptattraktion der König-Otto-Tropfsteinhöhle in Velburg. Teile der Höhle entdeckte bereits 1895 der Schäfer Peter Federl aus St. Colomann, als er bemerkte, wie ein Fuchs plötzlich im Berg verschwand. Er suchte das Tier und fand eine fabelhafte, geheimnisvolle Höhle, die ihresgleichen sucht. Sie ist eine der schönsten Tropfsteinhöhlen Deutschlands. Da am Tag der Entdeckung der Namenstag des Bayernkönigs war, wurde die Höhle nach ihm benannt: König-Otto-Tropfsteinhöhle. Heute zählt sie zur Erlebniswelt Velburg, zur der auch Segway- und Quad-Touren, ein Hochseilgarten und vieles mehr gehören.
Von den rund 450 Metern Länge können etwa 270 Meter der Tropfsteinhöhle besichtigt werden – ein Teil ist sogar barrierefrei. Die Höhle ist somit die einzige, die auch von Rollstuhlfahrern besucht werden kann! Schon seit 1896 finden Führungen statt. Anfangs noch im Licht von Kerzen und Fackeln, zeigt die Höhle seit 1954 in elektrischer Beleuchtung ihre volle Schönheit und ganze Pracht. Eine Führung durch die König-Otto-Tropfsteinhöhle dauert rund 45 Minuten. Da es hier unten immer nur 8 Grad sind, sollte man warme Kleidung und feste Schuhe anziehen. Wer es besonders spannend mag, kann eine informative Entdeckungsreise durch die Geschichte der Höhle machen und bei einer Erlebnisführung mit Schäfer Peter Federl unterwegs sein.

Erlebniswelt Velburg, St. Colomann, 92355 Velburg, Tel. (0 91 82) 4 46
www.tropfsteinhoehle-velburg.de
Anfahrt mit dem Auto

Wo Lola wohnte

60 *Türmermuseum in Vilseck*

Lola Montez – ein Name, so verheißungsvoll wie die Trägerin: angeblich spanische Tänzerin, in Wahrheit Irin, Bigamistin und Gaunerin, aber auch hochverehrte Femme fatale und Mätresse des bayerischen Königs Ludwig I. Dass sie zeitgleich auch die Geliebte des Studenten und Türmersohns Elias Peißner war, führte sie auch nach Vilseck. Beweisen lässt sich das nicht, aber immerhin wurde auf dem Dachboden von Elias Peißners Geburtshaus ein edles Kleid aus Maulbeerseide gefunden, das ihrer würdig gewesen wäre. Lola Montez war eine sagenumwobene Frau, die aufgrund ihrer amourösen Abenteuer 1848 aus München fliehen musste – man sagt, sie wäre mit Peißners Hilfe in Vilseck untergekommen. Anfang 2021 wurde ihr 200. Geburtstag mit einer Lichtinstallation in Vilseck gefeiert. Bereits drei Jahre vorher hat die Stadt bei den ersten Burgfestspielen das Theaterstück „Lola Montez – die falsche Spanierin" aufführen lassen. Natürlich dreht sich dabei alles um die Legende ihres geheimen Besuchs in Vilseck. Das angebliche Kleid dieser schillernden Persönlichkeit kann im Ersten Deutschen Türmermuseum besichtigt werden.

Das Türmermuseum ist stilecht im Vogelturm untergebracht. Dieser historische Stadtturm ist Wahrzeichen der Stadt Vilseck und wurde 1466 erbaut. Damals war er Wohnung der Nachtwächter. Die Türmer, die bis ins 20. Jahrhundert eine wichtige Aufgabe als Wächter und Musiker der Stadt hatten, lebten bis etwa 1800 im obersten Geschoss des Turms der Burg Dagestein nebenan. Alltagsleben und Kultur der Oberpfälzer Türmer werden auf drei Etagen anschaulich dargestellt, auch die Musik der Türmer ist zu hören. Besonders sehenswert sind neben dem Kleid das intakte Uhrwerk der Turmuhr und die alte „Rauchkuchl". Nach dem Besuch des Museums weiß man, wie ein Misthaufen dem Türmer das Leben retten konnte und dass ein Türmersohn die Bayernhymne komponierte. Anschließend empfiehlt sich eine Besichtigung der Burg Dagestein. Das historische Ambiente ist perfekt für Kunst und Kultur, Feiern und Führungen.

Erstes Deutsches Türmermuseum, Marktplatz 13, 92249 Vilseck, Tel. (0 96 62) 70 18 11
www.tuermermuseum.de, www.vilseck.de, www.burg-dagestein.de
ÖPNV: Bus 458, 464, Haltestelle Vilseck Vorstadt

Märchen werden wahr

61 *Sagenhaftes Märchen- und Gespensterschloss*

Hach, könnten Märchen doch wahr werden! Einmal mit dem Kaiser oder der Prinzessin sprechen, die kostbaren Kleider oder die prachtvolle Krone aus der Nähe bestaunen. Im verwunschenen Märchen- und Gespensterschloss Lambach kommt man diesen Wünschen ganz nah – das ganze Gebäude steckt voller Märchen, Erzählungen und Gespenster! Willkommen im Reich der sprechenden Tiere, Könige, Zwerge, Teufel und Hexen! Im ersten und zweiten Stock, im Keller und sogar im Treppenhaus zeigen lebensgroße Figuren bekannte Märchen. Wer erkennt sie alle? Das Rotkäppchen und der Froschkönig dürften leicht zu finden sein, genauso wie die Bremer Stadtmusikanten. Was ist mit der Prinzessin auf der Erbse oder den Geschichten aus Tausendundeiner Nacht? Gruselig ist es im Gewölbekeller, wo nicht nur Graf Dracula und die Feuergeister herrschen.

Nahe des Berges Osser steht das Schloss, das letzte Haus eines Glashüttenherren im Landkreis Cham – die Willmannvilla. Besonders sehenswert sind daher die Fenster des Jugendstilhauses. Es war schon dem Verfall preisgegeben, als Familie Schleyerbach es Ende der 1980er übernahm und renovierte. Mit viel Mühe und Engagement schuf sie hier ein einmaliges Kunstwerk. Über Toiletten spricht man nicht? Hier schon, denn die 5000 Fliesen an den Wänden wurden Stück für Stück von Hand mit Märchenmotiven bemalt. Was für ein unglaublicher Anblick! Auch die meisten Möbel und die Märchenfiguren wurden selbst gefertigt: Ihre Köpfe und Hände sind aus Ton modelliert und bemalt. Aus Draht und Holz wurden die Körper gestaltet und anschließend eingekleidet. Technische Effekte gibt es bewusst nicht – die alte Jugendstilvilla soll ein Ort des Träumens und der Fantasie sein. Erinnerungen an die eigene Kindheit kommen auf. Im gemütlichen Brotzeitstüberl und auf der Terrasse werden Speisen und Getränke auf handbemaltem Geschirr serviert. Kunsthandwerk, Bücher, Spielzeug und Andenken an den märchenhaften Tag gibt es im Laden.

TIPP Der neue Familienwanderweg und Waldlehrpfad „Holzweg“ führt vom Parkplatz aus rund um das Schloss.

Märchen- und Gespensterschloss Lambach, 93462 Lam, Tel. (0 99 43) 35 41
www.maerchenschloss-lambach.de

Anfahrt mit dem Auto, kostenloser Parkplatz unterhalb des Schlosses

Schwarz, aber voll Licht

62 *Asphaltkapelle bei Etsdorf*

Direkt an der großen Straße steht das Hinweisschild. Hier geht es also zur Asphaltkapelle. Den Hügel hinauf, einen ungewöhnlichen Kreuzweg mit künstlerisch gestalteten Stationen entlang. Jede ist einen zweiten Blick wert, regt zum Nachdenken und Innehalten an. Oben am Waldrand, direkt am Feldweg zwischen den Äckern, steht die kleine rabenschwarze Kapelle und lugt zwischen den Bäumen hervor. Ein wirklich ungewöhnlicher Anblick, der einen etwas stutzen lässt. Vor der Kapelle liegt eine Steinschlange. Viele, viele einzelne bemalte Steine wurden hier rund um die Kapelle abgelegt und sorgen für ein Lächeln, machen Hoffnung. Zwischen uralten, knorrigen Wurzeln geht es den sandigen Weg hoch und seitlich an der Kapelle vorbei. Dann ist der erste Blick hinein direkt möglich, denn es gibt keine Tür – und so ist die Kapelle wirklich immer offen. Begeisterung macht sich breit. Die dünnen Asphaltplatten, aus denen das Gotteshaus in Miniaturformat komplett gefertigt ist, schließen so gut wie alles Licht aus. Die kleine Kapelle ist das einzige Gebäude, das ausschließlich aus Asphalt gebaut wurde. Nur durch die bunten Einsätze in Ampelfarben und Kreuzform kommt etwas Helligkeit. Und von den Kerzen, die Besucher anzünden. Das Gästebuch ist eine spannende Lektüre und zeigt, wie atmosphärisch die Asphaltkapelle ist.

TIPP Das Tempelmuseum ist gleich auf der anderen Seite der Hauptstraße.

Anlässlich der Oberbayerischen Kulturtage 2001 in Altötting wurde die Asphaltkapelle errichtet. Seit Juni 2002 steht sie bei Etsdorf. Inzwischen gibt es ein Asphaltkapellenfest im Mai, Waldweihnachten, Konzerte, Taufen und vieles mehr rund um das kleine dunkle Juwel. Vom ersten Advent bis Maria Lichtmess Anfang Februar ist der Christbaumkugelhimmel zu bestaunen. Etwa 1500 Kugeln hängen Helfer an die Decke der Kapelle. Spiegel an den Wänden lassen die Kugeln noch mehr glänzen. Ein Meer von Farben, Funkeln und Glitzern. 2019 wurde diese Aktion ins Leben gerufen. Alle Kugeln wurden gespendet und haben schon diverse Weihnachtsfeste an den unterschiedlichsten Orten erlebt.

Asphaltkapelle, bei Etsdorf
www.asphaltkapelle.de
Anfahrt mit dem Auto

Fasszinierendes Erlebnis

63 *Schlaffässer am malerischen Gaisweiher*

Erholsam und ganz tief schlafen, gut gelaunt aufwachen und den direkten Blick auf den morgendlichen Gaisweiher genießen. Ein Campingerlebnis der besonderen Art! Gemütlich sehen sie schon auf den ersten Blick aus, die so gut nach Holz riechenden Schlaffässer der Freizeit- und Campinganlage Gaisweiher. Behagliche Wohlfühl-Momente sind garantiert. Die Schlaffässer sind ein Erlebnis. Mit Kindern ein unvergessliches, kuschliges Abenteuer, zu zweit herrlich romantisch und verträumt. Die vier Schlaffässer sehen aus wie Weinfässer, nur eben ein bisschen größer und bieten Platz für zwei bis vier Neugierige. Und falls es kalt wird, wärmt wohlig die Heizung. Ein rundum fasszinierender Ort zum Träumen, Runterkommen und mit vielen unvergesslichen gemeinsamen Momenten mitten in der urigen Natur. Hier kann man neue Energie tanken, Kraft sammeln, ganz bei sich sein und zeitlos die Poesie der Natur erfahren. Wie herrlich es abseits von Trubel und Rummel ist, zeigt der bezaubernde Sonnenuntergang. Der beleuchtete Uferpfad illuminiert den See von seinen schönsten Seiten. Wer ausgeschlafen hat, springt in den erfrischenden Badesee. Ein wunderschöner Anblick und eine Wohltat an heißen Sommertagen – der blaue See vor den dichtgrünen Bäumen des angrenzenden Waldes. Jeder kann hier ein kostenloses Bad nehmen, auch wenn er kein Gast des Campingplatzes ist. Schlauchboote ohne Motor sind am Gaisweiher erlaubt, auch Hunde dürfen mit und auf der Waldseite des Weihers sogar ins Wasser! Die weitläufige Liegewiese macht das Entspannen leicht, die Kleinen lockt ein Abenteuerspielplatz mit Piratenschiff und Turm. Wer es lieber flott mag, kann ein E-Bike mieten oder die idyllische Landschaft rundum bei einer Wanderung bewundern. Auch die imposante Burgruine Flossenbürg ist ganz nah und lädt zu einem Besuch mit Zeitreise ein. Allein der Ausblick vom Berg mit Burg lohnt sich schon. Auch der geografische Mittelpunkt Mitteleuropas liegt Berechnungen zufolge um die Ecke in Hildweinsreuth.

TIPP Die Grenze ist ganz nah – einfach mal einen spannenden Tagesausflug nach Tschechien machen.

Freizeit- und Campinganlage Gaisweiher, Gaisweiher 1, 92696 Flossenbürg, Tel. (0 96 03) 6 44
www.freizeit-gaisweiher.de
Anfahrt mit dem Auto

14

64 *Naturdenkmal am Hochfels bei Stadlern*

Ein kalter Wind braust über den zerklüfteten Fels. Alles liegt unter einer weichen Schneedecke und schaut wie verzaubert aus, wie mit Puderzucker bestäubt – herrlich für einen Spaziergang durch die weiße Pracht beim Naturdenkmal am Hochfels bei Stadlern. Das Gneis-Massiv zählt zu den 100 schönsten Geotopen in Bayern und zeigt sich von der schroffen Seite. Der Hochfels bildet eine markant herausragende Felsrippe aus Cordierit-Silimanit-Gneis. Klingt bizarr, ist es auch und zugleich wildromantisch, herbschön. Im Sommer erstreckt sich rund um die Felsen eine artenreiche Heidelandschaft mit einer vielfältigen Insektenwelt. Während sich viele Gneiskuppen in der Umgebung zwischen den Bäumen im Wald verstecken, zeigt sich der Hochfels ganz frei und bietet ein spektakuläres Landschaftserlebnis mit reizvollen An- und Ausblicken. An guten Tagen reicht der Panoramablick über das Schönseer Land bis weit ins Nachbarland Tschechien. Um diese offene Landschaft mit der Heidevegetation zu erhalten, wird die Szenerie als Naturdenkmal geschützt und aufwendig gepflegt. Wenn die Heide blüht, könnte man sich in diesen Ort verlieben. Oder wenn es wie im Winterwunderland glitzert – man möchte einfach bleiben! Direkt vom Wanderparkplatz aus toben die Jüngsten ab dem Spielgelände durch die Natur, Kletterpartie über die Felsen inbegriffen.

Der Nurtschweg und der Schönseer Burgenweg führen am Hochfels vorbei und weiter zur rund 1500 Meter entfernten Burgruine Reichenstein, die aus dem 12. bis 13. Jahrhundert stammt. Im tiefen Wald verborgen bietet sie einen fabelhaften Anblick auf ihrem Hügel. Den Sagen nach geistern Weiße Frauen um die Burg und irgendwo unter den Trümmern liegt ein riesiger Goldschatz versteckt. Die geheimnisumwitterte Ruine ist frei zugänglich, der Rest des runden Bergfrieds ist das Wahrzeichen der Gemeinde Stadlern. Der Nurtschweg gilt übrigens als charmante Alternative zum bekannteren Goldsteig. In sieben Tagesetappen führt er an der bayerisch-böhmischen Grenze entlang.

- **Naturdenkmal am Hochfels, Waldhäuser Straße, 92549 Stadlern**
- **Anfahrt mit dem Auto, Wanderparkplatz am Ortsende von Stadlern Richtung Waldhäuser**

Gneis am Hochfels
Geologie

Die Geburt des Freistaats

65 *Haus der Bayerischen Geschichte*

Ganz jung und modern ist es, das Haus der Bayerischen Geschichte in der Oberpfälzer Hauptstadt Regensburg. Die Stadt war immer schon einen Besuch wert, jetzt hat sie ein weiteres Highlight dazubekommen, das komplett barrierefrei gestaltet ist. Seit der Eröffnung im Mai 2019 ist das Museum ein Besuchermagnet. Schon allein bei der Museumsvorschau am 9. und 10. Juni 2018, als man zum ersten Mal das luftig-lichte Foyer betreten durfte, kamen 31.000 Besucher. Das neue Museum zwischen dem Ufer der Donau und der Altstadt erzählt anschaulich, wie das heutige, moderne Bayern entstand. Gleich am Eingang grüßt ein weltbekannter Bayer, der 4 Meter hohe Löwe, der früher Präsentator auf dem berühmten Oktoberfest war. Rund 1000 Ausstellungsstücke im Obergeschoss zeigen, wie Bayern zum Freistaat wurde und was das größte Bundesland so einzigartig macht. Besonders ist, dass die Bevölkerung dazu aufgerufen war, persönliche Erinnerungsstücke aus dem Familienschatz zur Verfügung zu stellen – so geht es hier nicht nur um die belegte Historie Bayerns, sondern auch um die vielen persönlichen Geschichten und Erinnerungen aus dem Alltag. Die Vergangenheit lebendig zu erzählen, so, dass es jeder versteht, ist das Anliegen des Museums. Das zeigt schon die Multimediaschau „Was vorher geschah“ im Foyer des Museums. Der bekannte Kabarettist und bayerische Moderator Christoph Süß schlüpft dafür in 40 Rollen und zeigt humorvoll und unterhaltsam in nur 20 Minuten 2000 Jahre Geschichte, die zum heutigen Freistaat Bayern führte.

TIPP Vorab Mediaguide als App kostenlos herunterladen.

Welch ein Glücksort, der Biere aus allen Regionen in Bayern ausschenken würde … Gibt es tatsächlich! Und zwar im Museumswirtshaus, das natürlich auch regionale Weine und viele Schmankerl von Aschaffenburg bis Lindau am Bodensee anbietet. Selbst wer nicht ins Museum geht, kann es sich hier gemütlich machen. Der goldfarbene Museumsladen, der ebenfalls frei zugänglich ist, bietet allerlei schöne Produkte aus Bayern, meist in Handarbeit gefertigt.

Haus der Bayerischen Geschichte, Donaumarkt 1, 93047 Regensburg, Tel. (09 41) 59 85 10
www.hdbg.de
ÖPNV: Bus D, N1, 3, 8, 9, 12, 13, 28, Haltestelle Museum der Bayerischen Geschichte

LADEN

Wilder Wunderwald

66 *Mystisches Lerautal bei Leuchtenberg*

Kaum hat man den Parkplatz hinter sich gelassen, nimmt man einen tiefen Atemzug und spürt, wie einem das Herz aufgeht. Die frische, harzig-würzige Waldluft und das viele saftige Grün tun gut, sofort fällt aller Stress von einem ab. Je tiefer man in das Walddunkel eintaucht, desto freier fühlt man sich. Das malerisch-verträumte Lerautal zieht jeden in seinen Bann; ein echter Geheimtipp für abenteuerlustige Wanderer. Das Tal nahe Leuchtenberg ist ein Naturschutzgebiet und gehört zum grenzüberschreitenden Geopark Bayern-Böhmen. Es gibt keine breiten, ausgebauten Wege, sondern schmale, natürliche Pfade über den weichen, federnden Waldboden. Ein bisschen ist es, als wäre man in einem Märchen gelandet – kein Wunder, dass das Lerautal 2010 von der Heinz-Sielmann-Stiftung nach dem Harz zum zweitschönsten Waldgebiet Deutschlands gekürt wurde. In der geheimnisvollen Wolfslohklamm fließt das leise murmelnde Wasser zwischen großen Granitblöcken hindurch. Man kann sich gut vorstellen, dass hier einst Wölfe gelebt haben sollen und zum Namensgeber für diesen auffallenden Ort wurden.

TIPP Eine Wanderung mit einem Geoparkranger buchen und viel Wissenswertes erfahren.

Traumhaft ist auch die Felsformation „Hände Gottes“, eines der schönsten Granitmonumente Nordostbayerns. Der Anblick hat etwas Feierliches – andächtiges Staunen über die Schönheit und Ausdrucksstärke der Natur macht sich wie von selbst breit. Besonders charakteristisch sind die rillenförmigen Vertiefungen auf den mehrere Meter hohen Felsblöcken. Diese Furchen sind natürlicherweise durch herabfließendes Wasser entstanden und zeigen eindrucksvoll dessen Kraft. Das Wasser hat auch das „Teufelsbutterfass“ geformt – dessen Name einen bemerkenswerten Kontrast zu den „Händen Gottes“ bildet. Idyllisch und Ehrfurcht schaffend vor der Kraft und Magie der Natur sind beide Orte. Durch das Lerautal führen der Burgenweg und der zu den Top Trails of Germany gehörende Goldsteig bis nach Leuchtenberg, wo eine pittoreske Burgruine thront.

Lerautal, bei Leuchtenberg
Anfahrt mit dem Auto, Parkplatz an der B22 bei Leuchtenberg

Süß und saftig ...

67 *Bayerns längster Obstlehrpfad in Tännesberg*

Geheimrat Dr. Oldenburg und Kaiser Wilhelm stehen gemeinsam mitten im Grünen. Alexander Lucas und die Frühe von Trevoux sind auch dabei. Ein geheimes Treffen von Verschwörern in Tännesberg? Nein, bei den Genannten handelt es sich um leckere Apfel- und Birnensorten. Zusammen mit der Königskirsche, der Auerbacher Frühzwetschge, dem Klarapfel und vielen, vielen anderen Obstbäumen reihen sie sich zum längsten Obstlehrpfad Bayerns. Die Streuobstbäume laden dazu ein, in ihrem Schatten spazieren zu gehen, abzuschalten, sich der Muße hinzugeben und zugleich etwas über das Obst zu erfahren. Von Tännesberg nach Kößing führt der grüne Lehrpfad seine Wanderer durch die idyllische Natur, ganz bequem auf einem barrierefreien Weg. Besonders schön ist es im Frühling, wenn die Bäume pastellfarben blühen, duften und von Insekten umsummt werden. Lebensfreude pur! Oder im Spätsommer und Herbst, wenn die Früchte reif sind und wie von selbst süß und saftig, manchmal auch etwas säuerlich oder klebrig, in die Hände der Spaziergänger fallen. Probieren ist ausdrücklich erlaubt und erwünscht! Denn Probieren geht ja bekanntlich über Studieren. Studieren kann man auch, nämlich die Tafeln mit Infos zu den jeweiligen Bäumen und Sträuchern.

TIPP Der Schlossberg direkt neben dem Parkplatz bietet einen wunderbaren Panoramablick.

Jede Jahreszeit hat entlang der vielen mächtigen Bäume und ihrer kleineren Freunde ihren Reiz. Auf rund 7 Kilometern Länge gibt es mehr als 1000 Neupflanzungen im umgebenden Grün. Gepflanzt wurden vor allem historische und regionaltypische Sorten – manche der Züchtungen sind mehr als 200 Jahre alt! Dabei ist der Obstlehrpfad nicht nur schön fürs Auge, sondern auch ökologisch wertvoll. Der Admiral, ein wunderschöner Schmetterling mit ziegelroten Streifen und weißen Flecken auf den dunklen Flügeln, ist hier zu Hause. Er lebt an und von den Obstbäumen. Genauso wie die kleine putzige Haselmaus, die eigentlich gar keine Maus ist, sondern eng verwandt mit dem Siebenschläfer.

Obstlehrpfad Tännesberg
Anfahrt mit dem Auto, Parkmöglichkeiten an der Straße

Himmelblaue Frösche

68 *Prackendorfer und Kulzer Moos*

Moore sind ganz besondere Orte voller Anziehungskraft – für Mensch und Tier. Vielen erscheinen sie gruselig und schaurig, mindestens aber geheimnisvoll. Ja, mystisch und verwunschen ist das Gebiet des Prackendorfer und Kulzer Moos. Gruselig ist es nicht – im Gegenteil: Die Sonne leuchtet durch die Baumwipfel des lichten Birkenmoorwaldes und das Wasser glitzert im Licht. Das Naturschutzgebiet (seit 1987) ist ein Ort herrlicher Ruhe und wildromantisch mit seiner fast unberührten Natur. Ein etwa 3 Kilometer langer abwechslungsreicher Rundweg führt durch das größte Moorgebiet im Naturpark Oberpfälzer Wald. Einfach mit offenen Augen durch das größte Moor im Oberpfälzer Wald gehen und kleine und große Wunder entdecken. Der Erlebnis-Lehrpfad Kulzer Moos zeigt sich anfangs unspektakulär. Vom Parkplatz aus geht es vorbei an kleinen Waldstücken und Feldern. Auf dem Teich mit dem sich wiegenden Schilfrohr schwimmt quakend eine Ente. Eine Libelle surrt vorbei – sonst ist es himmlisch still. Wer Glück hat, sieht ein Moorfroschmännchen, das zur Paarungszeit intensiv himmelblau leuchtet. Nach der Überquerung einer Wiese kommt die Überraschung: ein herrlicher Holzbohlenweg, der die Wanderer trockenen Fußes direkt ins Moor führt. Der hölzerne Pfad windet sich durch die schützenswerte und wunderschöne Landschaft, in der allerlei seltene Tiere und Pflanzen ihre Heimat gefunden haben. Viele der Lebewesen hier stehen sogar auf den Roten Listen der gefährdeten Arten.

TIPP Wer es noch mystischer mag … ganz nahe ist das Oberpfälzer Stonehenge.

Unterwegs durch den urwüchsigen Moorwald und an geheimnisvollen Gewässern entlang, entdeckt man immer wieder Neues und erfährt vieles auf den informativen Tafeln und am Wegesrand. Die Idylle hier im Moor lässt einen die Zeit vergessen, ein fast kindliches Staunen und Bewundern tritt anstelle hektischer Alltagsgedanken. Aber Achtung! Man sollte sich niemals vom Weg entfernen, denn damit gefährdet man die Natur und sich selbst, denn man könnte versinken und es lauern fleischfressende Pflanzen, wie der Rundblättrige Sonnentau.

- **Prackendorfer und Kulzer Moos, 92554 Thanstein**
- **Anfahrt mit dem Auto, Parkplatz nahe der B22 zwischen Kulz und Dautersdorf**

Der Stein der Weisen

69 *Geologischer Lehrpfad Tännesberg*

Der Stein der Weisen steht in der Oberpfalz? Der magische Stein, der Unedles in Gold und Silber verwandeln kann und Unsterblichkeit verheißt? Ja und nein. Der Stein der Weisen steht in Tännesberg, aber er ist leider nicht magisch. Dafür sammelt er in seinem tiefen Schlund die Antworten aller Kinder, die auf dem Geologischen Lehrpfad an der Rallye teilnehmen und den Fragebogen ausgefüllt einwerfen. Die richtigen Antworten finden sich ganz einfach auf den Infotafeln entlang des Wegs. Noch leichter wird es mit dem Begleitheft oder mithilfe des Audioguides, der im Rathaus erhältlich ist oder bequem vorab per Download. Alle jungen Teilnehmer bekommen schon fürs Mitmachen eine kleine Aufmerksamkeit und wer alle Fragen richtig beantwortet hat, kommt in den Lostopf und kann noch etwas gewinnen.
Auf einem wunderschönen Spaziergang durch einen lichten und doch üppig grünen Wald führt der Geologische Lehrpfad als etwa 3 Kilometer langer Rundweg auf eine Reise durch die 4,6 Milliarden Jahre alte Geschichte unserer Erde. Direkt am Wanderparkplatz am östlichen Ortsrand von Tännesberg startet der Weg mit der Erdfrühzeit. Ein lebendiges Hör-Erlebnis bietet der Audioguide, Infotafeln ergänzen das Wissen. Um die Wanderung durch die Erdgeschichte auch zeitlich erlebbar zu machen, sind die Wegstrecken zwischen den Perioden entsprechend ihrer Dauer abgesteckt. Der Weg durch das 60 Millionen Jahre währende Kambrium dauert also deutlich länger als der durch das mit 30 Millionen Jahren nur halb so lange dauernde Silur. Am Wegrand zeigen sich verschiedene ostbayerische Gesteine in ihrer vollen Schönheit – ebenfalls gemäß ihrem Alter angeordnet. Diese Steine können betastet, bestaunt und erklettert werden. Unterwegs kann man außerdem ein Mosaik mit verschieden großen und farbigen Granitsteinen legen, es gibt Versteck- und Klettermöglichkeiten, ein 2,50 Meter hohes Steintor und natürlich den Stein der Weisen.

TIPP Nebenan liegen Obstlehrpfad, Schlossberg und Bursweiher. Auch der Goldsteig führt vorbei.

Geologischer Lehrpfad, bei Tännesberg
www.taennesberg.de
Anfahrt mit dem Auto

Eixi ist aufgetaucht

70 *Abwechslung am Eixendorfer See*

Nessie kennt jeder – zahlreiche Legenden und Erzählungen ranken sich um das Ungeheuer, das angeblich im schottischen Loch Ness leben und mit seinem langen Hals wie ein Plesiosaurier aussehen soll. Nur eine verrückte Geschichte? Vielleicht. Eixi dagegen ist nicht nur Produkt überschäumender Fantasie, sondern kann ganz einfach besucht und entdeckt werden. Und nicht nur das! Eixi ist ganz ungefährlich und besonders kinderlieb: Eixi ist nämlich ein 7 Meter hoher Holzfisch, das Herzstück des Fisch-Erlebnisparks in Gütenland bei Neunburg vorm Wald. Wer Eixi erobert und ganz nach oben kraxelt, dem bietet sich ein abwechslungsreiches Landschaftspanorama. Der Blick fliegt über den Eixendorfer See und dessen grüne Umgebung. Eine Wohltat für Augen und Seele.
Der Erlebnispark „Der Eixi – Fische erleben am See“ wurde erst im Sommer 2020 eröffnet. Der Park befindet sich direkt neben dem Panorama-Hotel – perfekt, denn auf der Terrasse können es sich die Begleiter der Kleinen bequem machen und haben trotzdem alles im Blick. Eixi ist eine Holzkonstruktion in Fischform, 7 Meter hoch und 12 Meter lang. In der Schwanzflosse versteckt sich eine Rutsche, Schaukeln und Kletternetz direkt daneben erhöhen den Spaßfaktor. Nach dem Toben und Klettern bieten sich Holzliegen und eine gemütliche Nestschaukel zum Ausruhen an. Die überdimensionale Sandbaustelle lädt zum Buddeln ein. Direkt an den Spielplatz grenzt das Hirschgehege. Ein 800 Meter langer, als Rundweg angelegter Abenteuerlehrpfad mit sechs Erlebnisstationen und Spielgeräten für jedes Alter ergänzt das Angebot. Einen besseren Einblick in die Welt der Fische ermöglichen zwei Schauteiche. Am Eixendorfer See selbst kann man angeln – er hat einen hervorragenden Raubfischbestand mit kapitalen Hechten und Zandern. Der weitläufige See ist rund 110 Hektar groß, ein Traum für Wassersportler, Angler, Camper und Wanderer – denn direkt am Ufer führt der Eixendorfer Seeweg entlang.

TIPP Die Festspielstadt Neunburg vorm Wald, auch Das Tor zum Bayerischen Wald genannt, besuchen.

„Der Eixi – Fische erleben am See“, Gütenland 22, 92431 Neunburg vorm Wald, www.neunburg.de

Anfahrt mit dem Auto, Parkmöglichkeiten direkt am Hotel

Überbleibsel aus dem Meer

71 *Osterhöhle und Traumpfad Magische Natur*

Hier war einmal ein Meer? Dort, wo heute Felsbrocken verstreut liegen und überall Bäume in den Himmel ragen? Ja, das uralte Jurameer bedeckte einst weite Teile Bayerns und der Oberpfalz. Es war ein subtropisches, flaches Meer, in dessen warmem Wasser sich die Tiere nur so tummelten. Korallen lebten ebenfalls in diesem Urmeer und bildeten Riffe. Die heutige Juralandschaft des Amberg-Sulzbacher Landes ist aus dem ehemaligen Meeresboden entstanden, das Wasser formte die romantische Landschaft aus Kalkgestein. Hobbygeologen und Fossiliensammler finden hier immer wieder jahrmillionenalte Relikte. Die faszinierenden Überbleibsel wie auch die schaurig-schöne Osterhöhle zeugen noch heute von der ungewöhnlichen nass-warmen Vergangenheit. Diese Tropfsteinhöhle ist schon seit 1905 für Besucher zugänglich. Zu sehen sind nicht nur riesige domartige Hohlräume, sondern auch bizarre Tropfsteine und rätselhafte Sinterwasserbecken. Dass die Osterhöhle schon immer die Menschen angezogen hat, beweisen Scherbenfunde aus der älteren und jüngeren Eisenzeit.

TIPP Den Märchentext gibt es in den Touristinfos Neukirchen und Sulzbach-Rosenberg oder der Waldschänke.

In der urigen Waldschenke an der Osterhöhle gibt es Kaffee und Kuchen oder eine deftige Oberpfälzer Brotzeit. Der schattige Biergarten lädt zu einer entspannenden Rast ein. Frisch gestärkt geht es dann auf den Traumpfad Magische Natur, der direkt vor der Höhle startet. Schon von Weitem begrüßen die großflächigen Bilder ihre Besucher. Es ist, als würden sie schon immer hier stehen – als wären sie Teil des Waldes. Die Gräser rascheln, die Baumwipfel flüstern und ziehen den Besucher ganz automatisch in ihre Welt und den Bann des Traumpfades. Träumer, Nachdenkliche und Naturliebhaber sind willkommen – und alle, die die Ruhe des Waldes suchen und die Seele baumeln lassen möchten. Der Weg lädt zum Träumen und Entspannen ein. Er erzählt mit den Kunstwerken das wunderbare Märchen von Künstlerin Evi Steiner-Böhm. Sie hat die Geschichte geschrieben und die passenden Bilder gemalt, die auf die umgebende Natur abgestimmt sind.

Traumpfad Magische Natur und Osterhöhle, Neidsteiner Straße, 92259 Neukirchen bei Sulzbach-Rosenberg, www.traumpfad.net
Anfahrt mit dem Auto

Riesensessel und Räuberhöhle

72 *Das Pfreimdtal mit grandiosem Ausblick*

Riesensessel? Räuberhöhle? Abenteuer? Ja, ja und ja – und zwar genau in dieser Reihenfolge! Einmal ganz oben stehen oder sitzen und sich wie ein König fühlen – der herrlich gelegene Riesensessel mit Ruhebank im malerischen Pfreimdtal macht es möglich. Uralte Geschichten und Sagen erzählen von Riesen, Räubern und wilden Waldbewohnern. Von der beeindruckenden Felsformation aus genießt man einen fantastischen Blick ins Tal der Pfreimd zwischen Böhmischbruck und dem Kainzmühlstausee. Vor allem im Herbst und Winter, wenn die dicht an dicht stehenden Bäume ihr Blätterkleid abgelegt haben und die Sicht freimachen, ist dieser Ort unwiderstehlich. Nur wenige Meter weiter wartet die Gesteinsgruppe Räuberhöhle auf ihre Erkundung. Der Eingang ist eng und man muss durchkriechen – ein etwas schmutziges, aber dennoch spannendes Abenteuer, vor allem für kleine Eroberer. Die Wege zu Riesensessel und Räuberhöhle führen durch abgeschiedene Natur, man taucht tief ein in die Stille des Waldes, doch oben gesellt sich ein Gefühl grenzenloser Freiheit dazu. Und dann der Ausblick! Leuchtendes, saftiges Grün in allen Schattierungen, blau glitzerndes Wasser mit silbernen Lichtreflexen vor der Silhouette knorriger alter Bäume und ein berauschender Blick in die Tiefe.

Wandern kann man im ursprünglichen Pfreimdtal, so weit die Füße tragen: von der kurzen Umrundung des Sees bis zur langen Route durch das ganze Tal ist für jeden der passende Weg dabei – mal in Ufernähe, mal hoch über dem Tal. Ein lohnendes Ziel für die ganze Familie. Wer geheimnisvolle alte Geschichten mag, macht noch einen Abstecher zum mystischen Kalten Baum. Angeblich ist er aus dem kalten Herz einer Gräfin, die ihre Kinder ermorden ließ, gewachsen. Fakt ist, dass hier der kalte Böhmische Wind stark pfeift und nicht nur die Ohren kalt werden lässt. Dafür staunen die Augen über den romantischen Ausblick, der sich von diesem märchenhaften Baum aus ergibt.

TIPP Ein Pilzbestimmungsbuch mitnehmen – unterwegs finden sich zahlreiche leckere Hutträger.

Pfreimdtal

Anfahrt mit dem Auto, Parken am Kainzmühlstausee, von dort zu Fuß der Beschilderung folgen

Kaltenbaum

Gemütlich übers Wasser

73 *Bootswandern auf Naab, Vils und Regen*

Die Welt mit anderen Augen sehen, aus einer ungewohnten Perspektive – nämlich gemächlich und ganz entspannt vom Wasser aus – das kann man in der Oberpfalz an vielen Orten. Bootswandern auf Naab und Regen oder eine Fahrt auf der Vils bieten märchenhafte Einblicke. Anfänger können es erst mal mit einer Halbtagestour probieren, Fortgeschrittene gehen auf eine fünftägige Kanusafari – passende Angebote gibt es für jeden Geschmack. Ruhig, strömungsarm und gemächlich fließt die Naab und ist daher gut für Familien und Anfänger geeignet. Sie ist einer der schönsten Flüsse Deutschlands, der Blick vom Wasser auf die Landschaft ist oft verblüffend. Auch die Vils ist leicht zu befahren und für Ausflüge mit Kindern geeignet. Der Fluss, der sich in Kallmünz in die Naab ergießt, windet sich naturnah durch sein Tal. Etwas anspruchsvoller ist die Tour auf dem Regen mit seinen Schwallstrecken mit Strömungen und Wellen und den Felsen im Flussbett. Aber auch hier gibt es Abschnitte ohne schwierige Passagen, wie zum Beispiel die 12 Kilometer lange Strecke vom Blaibacher See nach Chamerau. Überall ist die ursprüngliche Landschaft herrlich grün und abwechslungsreich, langweilig wird es unterwegs nie.

Das Oberpfälzer Seenland und die zahlreichen Flüsse in der Oberpfalz bieten zahlreiche Wasserlandschaften, die erkundet werden möchten: glasklares Wasser, idyllische Ortschaften, mittelalterliche Städte, Burgen und Ruinen, Brücken, sanfte Hügel und üppige Wälder. Glänzende Fische, schimmernde Libellen und neugierige Vögel kreuzen den Weg der Kanuten, Flussbadestellen und Picknickplätze laden zur wohltuenden oder vergnüglichen Rast ein. Mit mehr als 800 Hektar Wasserfläche rund um die größten Seen Ostbayerns, mit unzähligen Teichen und malerischen Flüssen ist das Oberpfälzer Seenland perfekt für alle, die nasse Abenteuer lieben, genauso wie die abwechslungsreichen Flusslandschaften. Aber auch Radfahrer finden ein großes Angebot an Radwegen durch die Fluss- und Seenlandschaften.

Wasserlandschaft Oberpfalz
www.oberpfaelzerwald.de, www.ostbayern-tourismus.de, www.kanu-bayern.de
Anfahrt mit dem Auto

Salzig und knusprig

74 *Lorenz Fabrikladen in Neunburg vorm Wald*

Chips knuspern, Erdnüsse zwischen den Zähnen zerkrachen lassen und Salzstangen futtern – wer das liebt, ist im Fabrikladen von Lorenz genau richtig. Palettenweise locken bunte Tüten, Rollen und andere Verpackungen mit herzhaftem Genuss. Hier wird jeder Fan des Snacks fündig: knusprige und zugleich zart schmelzende ErdnußLocken, pikante NicNac's, knackige Crunchips, rustikale Rohscheiben, salzige Snacks und Cracker, Nussiges und vieles mehr findet sich in den bunten Stapeln. Lorenz kommt aus Deutschland, aber die Produkte finden sich heute auf der ganzen Welt. Das Unternehmen steht bereits seit mehr als 125 Jahren für leckere Snacks und gute Laune, bei Feiern mit Freunden und Familie genauso wie beim gemütlichen Filmabend auf dem Sofa daheim. Wer es lieber süß mag, findet genauso seine Lieblinge, denn auch Bahlsen Süßgebäck findet sich unter den langen mannshohen Türmen, zu denen die knusprigen Waren gestapelt sind, genauso wie auch Produkte der beliebten Marken Ritter und Lindt. Vor Weihnachten gibt es zum Beispiel Lebkuchen-Türme, Stollen-Berge und Keks-Hügel für Schleckermäuler. Kuchen und die beliebten Keksmischungen mit Waffelröllchen und vielen anderen kleinen Meisterwerken stehen natürlich auch zur Auswahl. Perfekt für den Nachmittagskaffee, als Mitbringsel oder für Besprechungen am Konferenztisch im Büro. Wechselnde Angebote passend zu den Jahreszeiten, Saisonartikel und Sondergrößen runden das umfangreiche Sortiment ab. Schnell ist der große Einkaufswagen voll. Um die kleinen Schätze wohlbehalten zum Auto bringen zu können, ist es praktisch, dass direkt vor der Ladentüre genügend Parkplätze sind. Und schon steht dem gemütlichen Knistern und Knuspern nichts mehr im Weg.

TIPP
Fast direkt nebenan ist der Fabrikverkauf von Trolli.

Fabrikverkauf – LORENZ SNACK WORLD, Industriestraße 11, 92431 Neunburg vorm Wald, Tel. (0 96 72) 4 61 05, www.lorenz-snackworld.de
Anfahrt mit dem Auto

Lorenz
Artikel
CC Salz 100 g
0,59 €
0,59 €
0,59 €
0,79 €
0,59 €
Crunchips
Salted
Salt & Vinegar
Lorenz

Wildschweinbabys begrüßen

75 *Walderlebnisbühne mit Mitmachstationen*

Die kleinen Wildschweinbabys, Frischlinge genannt, mit ihrem gestreiften Fell sind immer ein niedlicher Anblick. Völlig unbeschwert und munter toben sie wild durcheinander, beißen sich gegenseitig ins Beinchen oder ins Ohr – ein Quieken, ein Gerangel und schon wird wieder im weichen Waldboden nach Leckereien gewühlt. Ein Stück weiter grasen ganz gemütlich die stolzen Hirsche, Seite an Seite mit frechen Mufflons und lustigen Ziegen. Eine Walderlebnisbühne mit Mitmachstationen und Kinderspielplatz bereichert neben den Wildtieren den Eslarner Wildpark. Besucher werden jederzeit willkommen geheißen, der Eintritt ist frei. Infotafeln am Pavillon direkt am kostenlosen Parkplatz bieten eine gute Übersicht über die Tier- und Pflanzenwelt, direkt dahinter lockt der schöne, große Holzspielplatz. Die Bäume knarren im Wind, die Blätter in den Wipfeln rauschen, ab und zu leuchtet ein Sonnenstrahl zwischen den alten Baumriesen hindurch.

Dann geht es weiter auf den Rundgang um die beiden Gehege. Im Sommer gibt es viele schattige Plätzchen auf dem Weg durch die sattgrüne Waldwildnis. Im Winter knirscht der Schnee unter den Schuhen und man fühlt sich wie im hohen Norden. Auch die jungen Wildschweine haben weiße Jäckchen an – der Schnee stört sie nicht. Im Gegenteil: Die ganze Familie scharrt und wühlt fleißig im Boden. Gäste werden einen Augenblick lang neugierig beäugt, dann siegt der Hunger und die geschäftigen Tiere suchen weiter. In den wärmeren Monaten lädt der Barfußpfad ein: Ohne Schuhe geht es über Tannenzapfen, Holzspäne oder Steine, ein Kneipp-Becken sorgt für Erfrischung. Insgesamt gibt es weitere neun Mitmach-Stationen wie den Tierweitsprung, das Wasserrätsel oder das Insektenhotel. Gegenüber vom Parkplatz führt ein Wanderweg hinauf zum Stückbergturm. Ein bisschen anstrengend, aber bekanntlich kommt das Beste ja zum Schluss: Oben öffnet sich die Landschaft und ein unbezahlbarer Panoramablick ist der Lohn! Vielleicht einer der schönsten Blicke über den Oberpfälzer Wald.

Walderlebnisbühne am Stückberg, Schönseer-/Eslarner Straße, 92693 Eslarn
www.oberpfaelzerwald.de/wildpark
Anfahrt mit dem Auto

Im Reich des Wassers

76 *Sieben Quellen bei Sulzbach-Rosenberg*

Wasser ist die Grundlage allen Lebens und Menschen lassen sich seit Anbeginn der Zeit davon begeistern. Viele zieht es immer wieder ans Wasser, an Seen oder Meere – ganz besonders faszinierend aber sind Quellen. Da, wo das Leben spendende Nass entspringt, zutage tritt und sichtbar wird. Frisches Quellwasser steht für Reinheit, für pures Leben und Glück. Gleich sieben Quellen gibt es im Breitenbrunner Tal bei Sulzbach-Rosenberg. Über 200 Liter Wasser quellen pro Sekunde an mehreren Stellen aus dem felsigen Gestein hervor. Die Sieben Quellen sind Karstquellen, das heißt, das Wasser, das an der Oberfläche des Kalksteins versickert, kommt hier wieder ans Tageslicht – umgeben von Dolomitfelsen. Das Grundwasser tritt an die Oberfläche, weil eine Gesteinsfalte mit undurchlässigeren Gesteinsschichten quer verläuft. Das Gebiet steht unter Landschaftsschutz, mit Glück kann man seltene Eisvögel oder Wasseramseln beobachten. Ab März leuchten Sumpfdotterblumen in kräftigem Gelb und blühen mit farbenprächtigen Wildkräutern um die Wette. Später tauchen Leberblümchen den Wald um die Sieben Quellen in ein herrliches Blau. Ein malerischer, magischer Ort, um nach einer Wanderung oder Radtour Pause zu machen. Gemütliche Bänke laden zur Rast ein. Das frische Quellwasser kühlt und verführt zum Planschen. Wer still ist, dem leisen Plätschern und dem Zwitschern der Vögel lauscht, der soll auch Naturwesen wie Feen oder Elfen sehen können – auch sie schätzen die Reinheit und Schönheit der Quellen, sagt man. So oder so ist die Stimmung im Quellgebiet märchenhaft.
Wer jetzt noch ein bisschen Lust auf urbanes Leben hat, ist in der Altstadt Sulzbach-Rosenbergs und am Schloss Sulzbach richtig. Einen Besuch wert sind das Erste Bayerische Schulmuseum und das Apothekenmuseum. Das Schulmuseum beherbergt nachgestellte Klassenzimmer um 1870, 1920 und 1950. Die Alte Hof-Apotheke zeigt in zwölf Räumen pharmazeutische Geräte, Rezepturen und alte Handschriften.

Sieben Quellen, 92237 Sulzbach-Rosenberg
www.suro.city
Anfahrt mit dem Auto, Parkmöglichkeiten bei der Kleingartenanlage (vor der Brücke) nahe Rieglesbrunnenstraße

Das Abenteuer wagen

77 *Im Hochseilgarten in Velburg*

Abenteuerlustige vor! Hier ist Nervenkitzel vorprogrammiert! Die Schwerkraft überwinden, sich hoch hinauswagen, die eigenen Grenzen austesten und sich frei wie ein Vogel fühlen – im Hochseilgarten in der Erlebniswelt-Velburg ist das ganz einfach möglich. Hier erlebt man den Wald aus einer anderen spannenden Perspektive und gewinnt ganz neue Erfahrungen. Zugleich ist eine Tour durch den Hochseilgarten eine sportliche Herausforderung, aber auch eine Auseinandersetzung mit dem eigenen Mut. Wer sich einmal überwunden hat und hoch oben über baumelnde Seile, wacklige Holzbretter und Hängebrücken turnt, wird begeistert sein. Gut gesichert muss man keine Angst haben und kann sich ganz entspannt der besonderen Aufgabe widmen. Dabei sein kann jeder, der durchschnittlich fit ist und sich hinaufwagt. Für die Minis gibt es einen Kleinkinderparcours, der schon ab drei Jahren gemeistert werden kann. Für Kinder ab 1,30 Meter gibt es gleich fünf verschiedene Parcours zur Auswahl! Wer traut sich als Erster?

Der naturbelassene Wald der Anlage macht diesen Hochseilgarten zu etwas Besonderem. Die knorrigen großen alten Bäume laden dazu ein, sie in luftiger Höhe zu besuchen und zu erkunden – die Baumkronen so nah zu erleben, das berührt jeden. Sich von Plattform zu Plattform zu hangeln, manchmal den Boden unter den Füßen zu verlieren und ganz viel Spaß zu haben – der Kletterwald ist auch der perfekte Ort für Kindergeburtstage oder Team-Events, ein Vergnügen für alle Altersgruppen. Liebevoll gestaltete Infoschilder zu den Bäumen und den tierischen Waldbewohnern lassen das Gelände der Erlebniswelt-Velburg zu einem aufregenden Erlebniswald werden. Der zusätzliche Walderlebnispfad, auf dem der ursprüngliche Wald spielerisch erkundet werden kann, rundet die unterhaltsame Outdoor-Freizeitgestaltung bestens ab. Ein Biergarten mit Aussicht auf den Hochseilgarten, wo man die Kinder beim Klettern beobachten kann, ergänzt das Angebot.

TIPP In direkter Nähe auch die anderen Angebote der Erlebniswelt-Velburg ausprobieren.

Hochseilgarten in der Erlebniswelt-Velburg, St. Colomann 11, 92355 Velburg, Tel. (0 91 82) 4 46
www.erlebniswelt-velburg.de
Anfahrt mit dem Auto, Parkplatz Höhle Velburg

Mystisches Tor

78 *Kulzer Bauwerk fast wie Stonehenge*

Stonehenge, die weltberühmten Fels-Monumente bei Amesbury in Südengland, kennt vermutlich fast jeder oder hat schon einmal davon gehört. Es ist ja auch wahrhaft mystisch, dieses vor mehr als 4000 Jahren errichtete Bauwerk aus 32 Steinen, dic bis zu 4,80 Meter in die Höhe ragen, und das die Jahrtausende weitgehend unbeschadet überdauert hat. Noch heute sind diese aufgestellten Steine Anziehungspunkt für Wissenschaftler, Esoteriker und Touristen. 1986 hat die UNESCO Stonehenge zum Weltkulturerbe erklärt. Ein Tor dieses Steinkreises wurde in Kulz nachgebaut und sorgt ebenfalls für ungläubiges Staunen: Denn auch dieses kleinere Monument wurde ganz ohne Maschinen erbaut. Im Rahmen einer Dokumentarfilmreihe des Bayerischen Rundfunks unter dem Titel „Stonehenge und die Megalithkultur" entstand 1994 die Idee, eines der gewaltigen Tore nachzubauen und zu belegen, dass das mit reiner Muskelkraft möglich ist. Der Beweis steht heute am östlichen Ortsrand von Kulz und ist frei zugänglich. Steht man davor, ist es ein denkwürdiger Moment, die Leistung der Erbauer – hier wie in England – ist unglaublich. Der Magie der aufeinandergestellten Felsen kann sich kaum jemand entziehen. Das Megalith-Tor in Kulz ist etwa 6 Meter hoch und besteht aus drei Steinquadern mit je ungefähr einem Gewicht von 40 Tonnen! In Stonehenge sollen die Arbeiten an einem dreiteiligen Tor jeweils ein ganzes Jahr gedauert haben. Man nimmt an, dass der Bau der gesamten Anlage mehrere Jahrhunderte gedauert hat. Für die Filmproduktion war natürlich nicht so viel Zeit, auch wenn die Arbeiten ebenfalls ohne moderne Maschinen erfolgen sollten. Über Baumstämme wurden die tonnenschweren Steinblöcke mit Hanfseilen und der Muskelkraft von rund zweihundert Helfern zum Ort der Errichtung gezogen bzw. gerollt. Innerhalb von zwei Tagen wurde das Meter hohe Kunstwerk aufgestellt, über eine Rampe und eine vorbereitete Baugrube. Heute dokumentieren Infotafeln die Geschichte des Mini-Stonehenge.

Stonehenge in Kulz, Krähhof, 92554 Thanstein-Kulz
Anfahrt mit dem Auto

Luxus im Miniaturformat

79 *Das Eh'häusl in Amberg verzaubert*

Schlüssel umdrehen, Türe auf und schon erstrahlt das Häuschen im Miniaturformat: eine perfekt gelungene Komposition aus Licht, Farben und La Traviata von Giuseppe Verdi. Ein wahr gewordener Romantiktraum, der seine Gäste mit opulentem Luxus und ganz viel Atmosphäre empfängt. Herzlich willkommen im Eh'häusl, im kleinsten Hotel der Welt! Hier kommt man gerne an und verweilt in Muße, denn auf sieben Etagen und kuschligen 53 Quadratmetern ist es richtig gemütlich: Entree, Roter Salon, Kamin-Lounge, Bad, Schlafzimmer und zur Krönung eine eigene Etage für den Whirlpool! Natürlich gibt es noch eine Küche – um die kümmern sich aber die Hausdamen, die auch das leckere und reichhaltige Frühstück anrichten. Zugleich hat das Häuschen eine wunderbare, fabelhafte Geschichte und dann liegt es mitten in der malerischen Altstadt Ambergs – einer der besterhaltendsten mittelalterlichen Stadtanlagen Deutschlands.

Klein, aber mehr als fein schmiegt sich das Eh'häusl seit 1728 im historischen Herzen der charmanten Stadt zwischen die zwei Nachbarhäuser. Einst hatte ein findiger Kaufmann die nur 2,5 Meter schmale Lücke genutzt, vorne und hinten eine Wand eingezogen und ein Dach daraufgesetzt – fertig war das Minihaus. Und es war so beliebt, dass es immer und immer wieder in rascher Folge den Besitzer wechselte. Warum? Damals, vor fast 300 Jahren, durften Paare nur heiraten, wenn sie Grundbesitz nachweisen konnten und mit dem Eh'häusl war dieses Problem gelöst. Nach der Hochzeit wurde das kleine Haus an die nächsten Heiratswilligen verkauft und hat sie glücklich gemacht. Viele lang ersehnte Ehen wurden durch diesen kleinen Trick erst möglich. 2008 wurde das Eh'häusl komplett saniert, voller Luxus neu eingerichtet und zum Hotel umfunktioniert. Seit damals hält es auch den „Guinness World Record" als kleinstes Hotel der Welt! Platz ist genau für zwei: perfekt für die Flitterwochen oder andere romantische Anlässe als Paar – die Gäste kommen aus aller Welt.

TIPP An einer Stadtführung teilnehmen und viel Historisches, Wissenswertes und Kurioses erfahren.

Eh'häusl, Seminargasse 8, 92224 Amberg, Tel. (0 96 21) 3 78 54
www.ehehaeusl.de

ÖPNV: Bus 404, 410, 443, 454, Haltestelle M.-Reger-Gymnasium/OTH

8

Auf den Spuren der Ritter

80 *Flossenbürg – die vielleicht Schönste*

Bereit für ein kleines Abenteuer? Sieben Kreuze sollen in die Burgmauern der Burgruine Flossenbürg eingemeißelt worden sein – verteilt über das gesamte Gelände. Der Legende nach befindet sich hinter dem siebten Kreuz ein unvorstellbarer Schatz. Bisher hat es noch niemand gefunden … Angeblich gibt es auch zwei sagenumwobene Geheimgänge, die die Hohenstauferfeste vom Schlossberg aus mit den benachbarten Burgen am Haselstein und am Schellenberg verbunden haben sollen. Auch diese sind bisher unentdeckt – trotz intensiver Grabungen in den 1980er-Jahren. Dabei wurden aber Mauerfundamte, Fußbodenbeläge, Kellergewölbe, Fragmente eines Backofens und ein Brunnen zutage gebracht. Auch ohne die Geheimnisse lüften zu können, strahlt die Burgruine Flossenbürg auf dem ehemaligen Vulkankegel Anmut und Schönheit aus. Inmitten der Natur erhebt sie sich weithin sichtbar und gehört zu den markantesten Burgruinen in der Oberpfalz: Sie ist das Wahrzeichen des Naturparks Nördlicher Oberpfälzer Wald. Die Ruine ist sehr bekannt – vielleicht auch wegen des berühmten Besitzers Kaiser Friedrich Barbarossa. Er kaufte „castrum flozzen“ 1188. Ob er jemals vor Ort war, lässt sich leider nicht mehr nachvollziehen. 1100 von Graf Berengar von Sulzbach gebaut, bestand die Burg auf der Granitkuppe nur aus einem Wohnturm mit hoher Ringmauer. Im 13. Jahrhundert wurde der vorgelagerte Bergfried ergänzt, im 16. Jahrhundert kamen die Toranlagen dazu. Wie atemberaubend muss der Anblick in jener Zeit gewesen sein, als mutige Ritter gegen Schurken aus dem Osten Stellung hielten. Die noch immer stolzen Mauern aus Natursteinen lassen Besucher erahnen, wie Wachposten patrouillierten. Eine kurze, aber steile Wandertour führt den Berg hinauf; 732 Meter ist er hoch. Die Ruine der Gipfelburg ist jederzeit frei zugänglich. Über gut gesicherte Treppen geht es zur Aussichtsplattform: Losgelöst vom Alltag sieht von ganz oben alles anders aus, der weitreichende Rundblick ist fantastisch.

TIPP Der Weg des Granits führt rund um den Schlossberg, Ausgangspunkt ist der Aufgang zur Burgruine.

Burgruine Flossenbürg, Gaisthalweg, 92696 Flossenbürg
flossenbuerg.de
ÖPNV: Bus 6272, 9294, Haltestelle Abzw. Gaisweiher – Flossenbürg

Bibliografische Informationen der Deutschen Nationalbibliothek
Die Deutsche Nationalbibliothek verzeichnet diese Publikation in der Deutschen Nationalbibliografie; detaillierte bibliografische Daten sind im Internet über http://dnb.d-nb.de abrufbar.

Konzeption/Satz: Droste Verlag, Düsseldorf
Einbandgestaltung und Illustrationen: Britta Rungwerth, Düsseldorf, unter Verwendung von Bildern von © Fotolia.com: jd – photodesign.de; © iStock: Plociennik Robert
Fotos: Stefanie Stoltenberg, außer:
S. 13: © Landestheater Oberpfalz; S. 23: © Sternenfreunde Dieterskirchen e.V.; S. 29: © Petra Kellner; S. 39: © Katzentempel Regensburg; S. 43: © Metzgerei Hotel Gasthof Wittmann, Neumarkt; S. 51: © Erich Spahn, Amberg; S. 55: © Nepal Himalaya Park; S. 57: © Kaffeerösterei Chamer Land; S. 63: © Die Delikatessen Manufaktur Bergler-Fischer; S. 69 © Neumarkter Lammsbräu, Gebr. Ehrnsperger KG; S. 73 © Bayerwald-Tierpark Lohberg; S. 75: © Tourismuszentrum Oberpfälzer Wald; S. 81: © Mario Bernhardt; S. 91 © dvoinik - stock.adobe.com; S. 97 © luciezr - stock.adobe.com; S. 103: © Andreas Mühlbauer, Furth im Wald; S. 105: © Rolf Schüler; S. 107: © Geschichtspark; S. 115: © Daniela Pfanz; S. 125: © sapsan777 - stock.adobe.com; S. 127 © Erstes Deutsches Türmermuseum; S. 129: © Märchenschloss Lambach; S. 137: © Haus der Bayerischen Geschichte; S. 159: © Thilo Hierstetter; S. 161 © ARochau – stock.adobe.com

Druck und Bindung: LUC GmbH, Greven
ISBN 978-3-7700-2290-8

www.droste-verlag.de